Manfred Arnold Leo Domnowski

Der Aufräumer

Pumpgun für die Psyche

© 2016 Manfred Arnold Leo Domnowski

Autor: Manfred Arnold Leo Domnowski
Umschlaggestaltung, Illustration: www.hermenau-cartoons.de
Innenillustrationen: Lloyd Schneider, Jan Hoffmann, www.jan-hoffmann-illustrationen.de

2. vollständig überarbeitete Auflage 2019

Verlag&Druck: tredition GmbH, Halenreie 40-44, 22359 Hamburg
ISBN:
978-3-7497-2547-2 (Paperback)
978-3-7497-2548-9 (Hardcover)
978-3-7497-2549-6 (e-Book)

Bibliografische Information der Deutschen Nationalbibliothek:
Die Deutsche Nationalbibliothek verzeichnet diese Publikation in der Deutschen Nationalbibliografie; detaillierte bibliografische Daten sind im Internet über http://dnb.d-nb.de abrufbar.

Der Deibel hat mich getrieben, bis ich endlich nachgegeben und mir ein Motto und danach dieses Buch ausgedacht habe:

Höre nicht auf, wenn du müde bist,

sondern höre erst auf, wenn du fertig bist.

Der Autor Manfred Domnowski war über viele Jahre in pflegerischen, medizinischen und sozialpflegerischen Einrichtungen als Pflegekraft und Dozent tätig.

Als ausgebildeter Mental- und Hypnosecoach, sowie als Anti - Aging - Trainer verfügt er über langjährige Erfahrung als Dozent für Erwachsenenbildung.

Der studierte Dipl.Päd./Dipl.SozPäd. und Autor des Buches - Burnout und Stress in Pflegeberufen - Mit Mentaltraining erfolgreich aus der Krise (Brigitte Kunz Verlag) arbeitet seit einigen Jahren in der psychosozialen Beratung und Betreuung von Suchtkranken.

Inhaltsverzeichnis

Vorwut – Vorwort war gestern

Ja, Sie haben richtig gelesen. Es soll nicht „Vorwort" heißen.

Das gab es schon so oft und die meisten Vorworte sind eh überflüssig. Wenn Sie das Vorwort kennen, kennen Sie das Buch: rausgeschmissenes Geld, verschwendete Zeit.

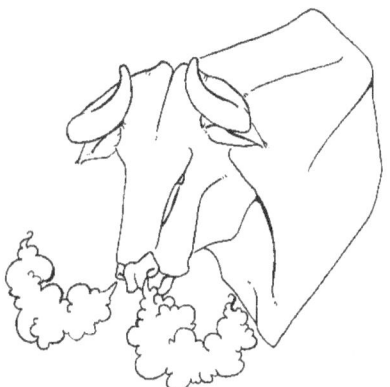

Frech? Ja, das bin ich und ich will es sein. Ich tu's ja nicht für mich, ich tue es für Sie.

Dieses Buch ist völlig anders als das, was Sie bisher zum Thema gelesen haben.

Nichts für zarte Gemüter, die sich in einer „Wir werden alle geliebt und alles hat einen tieferen Sinn-Wolke" baden – die produziert wird von mehr oder weniger klug dreinschauenden, allwissenden und zum Teil außerirdisch ins Publikum lächelnden Coaches/Lebenshilfeberatern/Lebenshilfetrainern.

Jeder hat, zugegebener Maßen, seine Philosophie. Doch die wenigsten trauen sich, gerade in der heutigen Zeit der Gehirn- und Meinungsgleichmacherei, ihre Gedanken klar, laut, „dreckig" und gemein zu äußern. Wie schnell folgt darauf eine „allergische Reaktion". Doch, glauben Sie mir… dann war es ein Treffer – Schiff getroffen – oder sogar versenkt. Sehr gut! Und nein, ich werde Sie auch nicht mit gurrenden Lauten und schwitzender Animation an einem seichten Wochenende über glühende Kohlen laufen lassen und Ihnen anschließend erzählen, dass Sie nun den Stein der Weisen besitzen und die heiligen Weihen der Problemlösungsstrategien erhalten haben.

Denn dieses Vorgehen hat eine Halbwertszeit von, sagen wir mal, drei Tagen: Die Woche nach diesem Glühende-Kohlen-Wochenende bringt das jähe Erwachen – Geld weg, Gemeinschaft weg, das gute Gefühl ist ebenfalls weg. Alles ist noch wie früher: der Kontostand ist immer noch derselbe (minus der Seminargebühren), vom Partner immer noch unverstanden, der Nachbar ist unfreundlich, fett und hässlich wie eh und je und der Chef ist nach wie vor unzufrieden und gestresst... Ach, die ganze Welt erkennt die eigene Leistung nicht an. Ja, ja... die böse, böse Welt.

Dieses Buch ist nicht für mentale Analphabeten, Weicheier, Dünnbrettbohrer, Turnbeutelträger oder Warmduscher und zerebrale Leichtgewichtler gedacht.

Nein! Dieses Buch ist für die Menschen geschrieben worden, die bereit sind, die ihnen aufgetragene Mission zu erfüllen.

Für jene Zeitgenossen, die es leid sind, ihr eigenes Jammern (und das der anderen) als vielfältig widerhallendes Echo in den Ohrkanälen zu hören. Es soll Homo sapiens erreichen, die sich nicht zu fein sind, sich auch die geistigen Finger dreckig zu machen.

Dieses Buch ist den Brüdern und Schwestern gewidmet, die sich trauen, innerlich nackt vor ihren Seelenspiegel zu treten, um dabei festzustellen, wie fett und satt sie doch geworden sind; fett und satt von der eigenen Verlogenheit und dem falschen Schmeicheln der Welt, das den Geist nicht nur träge macht, sondern uns mit der Zeit so langsam verblöden lässt.

Dieses Buch ist ein Ausruf an die Mitmenschen, die sich trauen, eine rustikale Sprache auszuhalten, die mit dem tiefen inneren Bewusstsein vermittelt wird, dass Wahrheit schmerzt, aber auch befreit und heilt.

Leute, es gibt was zu tun! Und zwar das, was notwendig ist, um dem Elend ein Ende zu setzen: Elend erkennen, selbst handeln, an der Idee arbeiten. Und damit meine ich wirklich arbeiten, nicht nur so ein bisschen hinschauen. Ich meine damit, hart arbeiten, über die Grenzen hinaus gehen, auch und gerade wenn es weh tut.

Erschrecken Sie nicht, wenn Sie zwischenzeitlich das Gefühl haben, ich schreie. In dieser Zeit muss man laut sein, um gehört zu werden.

Gut. Kurze Pause. Überlegen Sie, ob Sie diesen Weg gehen wollen. Ich begleite Sie. Nichts anderes ist dieses Buch. Ein Begleiter.

Wenn Sie diesen Weg nicht gehen wollen, dann schmeißen Sie das Buch JETZT weg. Genau JETZT!

Mir soll es egal sein, denn Lehre kann nur der empfangen, der gelehrt werden will.

Doch wenn Sie sich ganz und gar darauf einlassen, in sich hinein hören, hart an sich arbeiten, den Mut haben, sich zu erkennen wie Sie WIRKLICH sind, wenn Sie Abenteuergeschichten lieben, den Helden am Ende dieser Geschichten bewundern wollen, dann lesen Sie weiter: Denn der Held sind Sie.

Sie erleben IHR Abenteuer und erkennen, dass SIE am Ende IHR eigener Held sind und SIE ALLEIN IHRE Geschichte, IHR Leben schreiben.

Denn Sie sind nicht nur der Hauptprotagonist Ihrer Story, sondern stellen mit sich selbst auch immer gleich die gesamte Filmcrew – angefangen vom Drehbuchautor, über den Produzenten, bis hin zum Regisseur und den Hauptdarstellern.

Ja, Sie sind für die Maske und für die Special-Effects zuständig. Auch der Schnitt, die Musik und auch das Catering sind Ihre Aufgaben.

Natürlich suchen Sie auch die Drehorte und nicht zuletzt vor allem Ihre Schauspielkollegen aus. Diese Liste kann beliebig weitergeführt werden – lesen Sie einfach weiter!

„Die ganze Welt ist eine Bühne und alle Frauen und Männer bloße Spieler, sie treten auf und gehen wieder ab." (William Shakespeare)

Autorengedanken: Ja, wer schreibt denn da?

Sie werden sich sicher fragen, wer ich bin. Sie kennen mich nicht, wie auch?

Beinahe völlig unbekannt (na ja, außer den Lesern meines ersten Buches „*Burnout und Stress in Pflegeberufen*") setzt sich da jemand hin und will der Welt, wie es doch schon so viele zuvor versucht haben, erzählen, wie man Glück, (inneren und äußeren) Reichtum, Erfolg, Geld, Macht, Attraktivität, Selbstbewusstsein und derlei erlangt.

Was kann ich als Beweisstück dafür liefern, dass mein Konzept funktioniert? Sie wissen ja, Menschen brauchen Beweise.

Nun ja, tauschen wir zu diesem Zwecke einmal die Rollen: Sie an meiner Stelle wollen jemandem erzählen, wie Ihr Gegenüber erfolgreich werden kann. Der beste Beweis ist Ihre eigene Erfolgsgeschichte. Ihnen will jemand eine tolle Diät verkaufen? Da hilft schon ein durchtrainierter Körper, um die Wirksamkeit dieser Diät und somit Ihre Glaubwürdigkeit zu bestätigen. Daher erzähle ich Ihnen an dieser Stelle meine Erfolgsgeschichte, dann können Sie sich selbst von ihrem Wert für Sie überzeugen.

Wer hinter dieser Geschichte steckt? Ein Pädagoge (auch das noch!), der sich aufmacht, sich traut, nein, sich nahezu erdreistet, Ihnen zu zeigen, wie es „geht".

Als ich diese Sätze schrieb, machte ich gerade Urlaub auf Mallorca.

Der Mond gab sein bestes Licht vom Himmel und erhellte nicht nur das Zimmer, sondern auch meinen Kopf. Ich war in dieser Nacht schlaflos, mein Unterbewusstsein trieb ein seltsames Spiel mit mir. Es hielt mich wach, bedrängte mich, Stift und Block (liegen immer neben mir) aufzunehmen und anzufangen zu schreiben.

Mein Schreibappetit war angeregt worden vom Lesen einer Vielzahl von Lebensratgebern und Psychotricks zum Erlangen von Erfolg (was immer das auch sein mag) und Geld. Und auch um etwas „Unbequemes" zu formulieren. Die Wahrheit – und die schmerzt meistens.

Und nun ging es wohl an das Verdauen derselben, im festen Glauben daran, dass ich genau das auch kann. Besser sogar, weil ich es GANZ ANDERS machen wollte.

Vier Dinge kamen mir in den Kopf – sozusagen meine Legitimation zu diesem Buch.

1. der absolute Wille, es zu TUN

2. der tiefste Ehrgeiz, es DURCHZUZIEHEN

3. der feste Glaube, es auch zu SCHAFFEN

4. das Wissen, es ANDERS machen zu KÖNNEN

Was musste ich also ändern? Ich kam zu dem wichtigen Entschluss, meine Perspektive zu ändern und zu der Erkenntnis, wie notwendig es ist, genau dazu einen neuen Standort einzunehmen.

Allerdings sollte es ein Standort sein, den ich selbst bestimme, selbst gestalte: Mein Revier.

Meine **erste Regel** dazu lautet wie folgt:

„Suche dir einen Platz, an dem du denken und fühlen kannst."

In der Regel ist das ein Platz, der einem allein gehören sollte. Der Platz sollte einem Folgendes vermitteln: „Hier bist DU der Platzhirsch. Hier hat niemand anderer etwas verloren." Die anderen sollen sich ihren eigenen Platz suchen.

Gut, den richtigen Platz hatte ich nun, aber einmal an diesem Punkt angekommen, werden auch Sie feststellen: Sie sind allein wie „der Soldat am Wolgastrand".

„Allein! Wieder allein!
Einsam wie immer.
Vorüber rauscht die Jugendzeit
In langer, banger Einsamkeit.
Mein Herz ist schwer und trüb mein Sinn,
Ich sitz im gold´nen Käfig drin...

Hast du dort oben vergessen auf mich?
Es sehnt doch mein Herz auch nach Liebe sich.
Du hast im Himmel viel Engel bei dir!
Schick doch einen davon auch zu mir".

(Operette „Zarewitsch" von Franz Lehar)

Was man in der Situation also braucht, ist ein „Engel". Und da Engel bekanntlich nicht von allein tätig werden, muss man sie rufen. Dann rufen Sie sie eben (Sie wissen ja, „Hilf dir selbst, DANN hilft dir Gott" - oder eben die gerade beschriebenen Engel). Also die ersten 50% sind die von Ihnen zu Leistenden, den Rest überlassen Sie dem lieben Gott oder eben Ihren Engeln.

Aus dieser Erkenntnis ergibt sich meine **zweite Regel**:

„Umgebe dich mit Menschen, die dich weiterbringen, dich inspirieren, die Wissen haben und Geschichten erzählen können; mit jenen, die erfolgreich sind: Menschen, die wirkliche Lebensläufe und Leidensverläufe haben."

Wenn Sie schon an Engel glauben, dann sollten die Engel auch an Sie glauben.

Regel Nummer 3:

„Suche jemanden, der an dich glaubt, dich begleitet, dir das Gefühl gibt, dass du es schaffen kannst."

Ist keiner da? Verzagen Sie nicht und befolgen Sie einfach die nächste Regel.

Waschlappen braucht man zur Körperhygiene und nicht als Partner!

Regel Nummer 4:

„Schau in den Spiegel. Mit DEM Typen fängt alles an. Sie mögen ihn nicht besonders, glauben nicht an ihn? Dann sollten Sie schnell beginnen, ihn zu mögen."

Warum? Ganz einfach: Dieser Hintern ist der einzige, der IMMER hinter Ihnen stehen wird. Grund genug? Sie verstehen mich schon – hoffentlich.

Nun kann man denken: „Na ja, es ist ja tiefe Nacht, morgen kann ich das auch noch erledigen." Nichts kann man morgen erledigen. Kennen Sie das Gefühl, einen tollen Gedanken zu haben, ihn nicht vergessen, ihn konservieren zu wollen? Dann ist er plötzlich weg - so ein Sch... Dabei war dieser Gedanke/Idee doch so toll. Tja das war's dann wohl...!?

Viel zu oft haben Gedanken und Ideen, Inspirationen (also Gedanken, die Ihnen ein großer Geist eingegeben hat) eine sehr kurze Haltbarkeit. Und mit Ablauf des Haltbarkeitsdatums vergeht auch Ihre Motivation, Ihre Möglichkeit und unter Umständen DIE Millionen-Euro-Idee... Und das nur, weil Sie nicht aufstehen wollten.

Deshalb **Regel Nummer 5**:

„Erledige die Dinge sofort (ehe sie der gedanklichen Verwesung zum Opfer fallen)!"

Und das ist der Anfang.

Gedanke 1 von ... Was macht einen guten Schauspieler aus? Sein oder Nicht-Sein - das ist hier die Frage

Talent? Empathie? Disziplin? Bildhaftes Vorstellungsvermögen? Eine gute Ausbildung? Beziehungen? Eine gute Gesundheit? Einen einstudierten Text sicher zu re-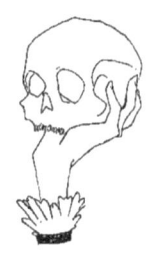produzieren? Die Vorstellungen des Regisseurs gut umzusetzen?

Es ist sicherlich ein Cocktail der genannten Eigenschaften, der einen guten Schauspieler ausmacht, und dennoch glaube ich, dass er dann erst authentisch ist, wenn dieser Akteur seine Rolle LEBT – wenn er mit ihr verschmilzt, und das ganz und gar.

Von den Hauptdarstellern aus „Der Herr der Ringe" wird ebensolches berichtet: Sie seien auch außerhalb des Filmsets oder in Drehpausen so in ihren Rollen verhaftet gewesen, dass sie diese nicht spielten, sondern lebten.

Alle großen Schauspieler leben – erleben - ihre Rollen und unterscheiden sich ebenso von denen, die ihre Rollen einfach nur „spielen".

Doch was hat das mit unserem Thema zu tun?

Blättern Sie kurz die Seiten zurück auf das Zitat von Shakespeare und lesen es noch einmal.

Wir sind also alle Schauspieler – und noch mehr!

Sie bestimmen, ob Sie ein Hauptdarsteller sein wollen oder nur eine kleine Nebenrolle in IHREM eigenen Film spielen. **Sie** bestimmen, wer Regisseur in ihrem Film ist (zur Erinnerung: das ist der Chef am Set). **Sie** sind der Produzent – Sie wissen, das ist der Geldgeber, der bei einem Filmprojekt richtig was zu sagen hat. **Sie** sind die Maske, die für das richtige Aussehen sorgt. Der Beleuchter und Kameramann, der Sie ins rechte (richtige) Licht stellt. **Sie** übernehmen den Schnitt und die Special-Effects in ihrem Leben, sorgen für die Vertonung, die Drehorte und das Catering. Und nicht zuletzt verteilen **Sie** auch im Casting die weiteren Rollen in **IHREM** Film- (Lebens-) Projekt. Und die Gage? Auch **Ihre** Wahl.

In welchem Film spielen Sie? Wie fühlt sich Ihr Leben an? Eher wie die billige Nachmittags-Daily-Soap mit dummen Texten, mageren Kulissen und drittklassigen Schauspielerkollegen? Und das alles in Abhängigkeit von einem Publikum, das kaum besser in der eigenen Rolle ist als Sie selbst, aber darüber urteilen will, wie lange Sie noch auf Sendung sein dürfen? Hinzu kommt noch erschwerend: Wenn dieses Publikum Ihrer überdrüssig geworden ist, dann heißt es „bye-bye". Zuschauerquote nicht erreicht. Auf Nimmerwiedersehen. Vielleicht ist das für Sie genug? Vielleicht aber auch nicht.

Diejenigen, die aus Ihrem Leben einen guten Film machen (wir müssen ja nicht gleich von einem Monumentalfilm à la „Dr. Schiwago" oder einem Blockbuster wie „Independence Day" reden) und sich mit erstklassigen Schauspielkollegen in das Thema stürzen wollen, so dass niveauvolles Publikum gleichermaßen wie die Jury bei sämtlichen Filmpreisen (bis hin zum Oskar?) begeistert sein werden, wissen jetzt, was ab sofort zu tun ist.

Wie gesagt: Gerne begleite ich Sie dabei.

Also auf: Ab geht es in Ihr eigenes Filmgeschäft! Auf geht's, schreiben Sie sofort die erste Zeile Ihres Drehbuchs! Denken Sie sich schon einmal einen Namen für Ihren Film aus. Und stellen Sie sich mal Ihren Namen und Ihr Bild auf einem dieser großen Plakate und der Leinwand vor. Sie wollen Autogramme schreiben, auf dem roten Teppich laufen, eine tolle Garderobe tragen, endlich gesehen werden – was hält Sie auf?

Regieanweisungen für Ihr Leben:

- **SIE sind der Regisseur**

- **SIE sind der Produzent**

- **SIE suchen sich IHRE Rolle aus**

- **SIE lernen IHREN Text**

- **SIE bestimmen IHRE Drehorte**

- **SIE schreiben IHR Skript**

- **SIE setzen sich in Szene**

- **SIE bestimmen IHRE Rollenpartner (manchmal muss man auch improvisieren)**

- **SIE vermarkten IHREN Film**

- **Sie bestimmen die Höhe Ihrer Gage**

- **SIE erhalten IHREN Oskar**

„And the Oscar goes to ...."
(hier sollte IHR Name stehen)

Gedanke 2 von ... Wie sag' ich's bloß meinem Kinde? Die Macht des Wortes

Worte sind ausgesprochene Gedanken. Damit sind sie in der Welt und wirken auch im Außen.

Die großen Rhetoriker vergangener Zeiten wussten um die Macht des Wortes und bedienten sich oft hemmungslos daran.

Wir wissen heute, dass ein zum Tode Verurteilter in Rom sich durchaus mit einer packenden Rede in die Freiheit sprechen konnte - wenn er es verstand, im Volke Emotionen zu wecken, die seinem Ziel dienlich waren. Die alten Römer waren ganz wild auf tolle Reden.

Übrigens, viele berühmte Redner, wie z.B. Cicero haben damals schon Maßstäbe für Reden und Auftritte gesetzt, die heute als Basiswissen verwendet werden. Ebenso kennen Sie auch das Sprichwort: *„Der redet sich um Kopf und Kragen"*. Was natürlich das Gegenteil zur Folge hat – weg war er, der Dummkopf.

Ein weiteres Beispiel um die Macht der Worte:

Kennen Sie die ersten Sätze in einem der wichtigsten und mächtigsten Bücher der Welt? Sie sollten zwischendurch ruhig mal hinein schauen, denn darin stehen kluge Sachen: Ich rede hier natürlich von der Bibel.

Sie kennen die ersten Phrasen der Bibel nicht? Auch nicht weiter schlimm. Dann können Sie hier was ler

„*1 Im Anfang war das Wort, und das Wort war bei Gott, und Gott war das Wort.* (1. Mose 1.1) (Johannes 17.5) (1. Johannes 1.1-2) (Offenbarung 19.13)

2 Dasselbe war im Anfang bei Gott.

3 Alle Dinge sind durch dasselbe gemacht, und ohne dasselbe ist nichts gemacht, was gemacht ist. (1. Korinther 8.6) (Kolosser 1.16-17) (Hebräer 1.2)

4 In ihm war das Leben, und das Leben war das Licht der Menschen."

Im Klartext heißt das – aller Anfang liegt beim Wort (gesprochener Gedanke) UND bei dem, der sich dieser Worte bedient – hier der Boss persönlich.

Des Weiteren steht dort geschrieben, dass ALLES, was es gibt, aus diesem WORT, gesprochen vom Schöpfer selbst, gemacht ist. Im Wort selbst liegt das Leben und das Licht des Lebens. Und Sie wissen ja, was es bedeutet, wenn jemand einem das Licht ausknipst.

Tja, dummerweise, so werden Sie jetzt denken, sind Sie ja nicht Gott, also zählt das hier für Sie wohl nicht!? Falsch gedacht: Sie liegen mit dieser Annahme völlig daneben.

Für diejenigen, die für sich beschlossen haben, dass es so etwas wie Gott (Universum, Schöpfung oder was immer Ihnen dazu einfällt) gibt, bedeuten diese Worte folgendes: **SIE sind ein zu**

Fleisch gewordenes Wort, denn Sie sind ja, so sagt man, ein Kind Gottes.

Sie tragen also einen göttlichen Funken in sich (wann erkennen und zünden Sie den denn endlich mal?)

Das bedeutet nichts Geringeres, als dass auch Sie aus Worten etwas erschaffen können (vielleicht IHR Leben?). Wäre doch mal eine gute Idee, oder?

Sie glauben nicht so richtig, dass Sie etwas können, was eigentlich nur Gott können soll?

Ich verrate Ihnen was… Pssst, kommen Sie ruhig ein Stück näher, denn es ist ganz geheim…

Sie können auch etwas, was eigentlich nur Gott zugeschrieben wird: Wenn Sie Kinder haben, liefern Sie bereits den lebenden Beweis dafür: Sie können Leben erschaffen. Doch nicht nur das – vielmehr können Sie allgemein etwas erschaffen. Denn so ganz nebenbei: Ihre Umgebung und Ihre Umwelt erschaffen Sie sich ja auch selbst.

Für alle, die beschlossen haben, dass es so ein Konstrukt wie Gott nicht (mehr) für Sie gibt: Die Botschaft funktioniert dennoch.

Worte haben Bedeutung (*„nimm mich bei meinem Wort"*, *„du kannst meinem Wort vertrauen"*, *wortbrüchig sein*, *sein Wort halten…*). Worte, denen dann ein gelebter Inhalt folgt (= Taten), werden nach außen hin sichtbar, ob Sie es nun wollen oder nicht. Konstruktionspläne von Ingenieuren sind übrigens gezeichnete Worte. Symbole sind Wortvertreter, Sie kennen Sie bereits: Verkehrsschilder und Emojis sind Beispiele dafür. Versuchen Sie es doch einfach mal. Oder trauen Sie ihrem eigenen Wort nicht? Keine

Lust? Keine Zeit? Ausreden der Dünnbrettbohrer und Turnsackerlträger. Ach, sind Sie nicht? Dann legen Sie los!

Sie sollten jetzt einmal gut zuhören. Ja genau, zuhören! Wann haben Sie das letzte Mal gut zugehört? Ich meine nicht Ihrem täglichen Opfergejammer und dem Alltagswehklagen Ihrer Selbst-geißelungen oder dem Wehklagen Ihrer Freunde und Nachbarn oder dem Ihres Partner, während gleichzeitig im Hintergrund das Radio stumpfsinnige Lieder spielt oder man Ihnen im Fernsehen gerade im Verkaufssender einen neuen Mixer verkaufen will. Ich meine richtiges Zuhören, mit allen Sinnen, ohne Nebentätigkeiten. Gerade bietet sich die Gelegenheit. Also jetzt - hier kommt die Frage: **Auf was warten Sie noch?** Kennen Sie das Stück von Samuel Beckett „*Warten auf Godot?*" Ich verrate Ihnen was: Der wartet immer noch. Zur weiteren Verdeutlichung eine Zeile aus einem Songtext von Zarah Leander, einem Megastar der 1930er Jahre in Deutschland: „*Ich steh' im Regen und warte auf Dich, auf Dich...*" Ich erspare Ihnen den weiteren Text. Sie können ja bei Interesse einmal nachlesen. Ich verrate Ihnen nur so viel: Die Dame wartet immer noch im Regen.

Also, da kommt nichts. Man bekommt vom Warten allenfalls noch schmerzende Beine und Krampfadern, wird völlig durchnässt, versaut sich die Kleidung und bekommt am Ende eine Lungenentzündung. Womöglich stirbt man noch daran.

Und nun stellen Sie sich das Ganze mal in Ihrer Seele, in Ihrem Leben vor: Ihr Leben ist völlig durchnässt, die Frisur versaut, Ihr Leben bekommt eine mächtige Grippe oder schlimmer noch: Sie bekommen die vorhin erwähnte Lungenentzündung, schmerzende Beine und hässliche Krampfadern.

Und während das alles so passiert, rückt der Zeiger auf IHRER Lebensuhr einfach von Strich zu Strich weiter voran. Ja, wo bleibt denn da das Leben, wo das schöne Auto und die besseren Zeiten? Wo findet sich die Zeit um das niedrigere Gewicht, und den „Traumbody" zu erreichen, um den „Superjob" und den „Megapartner" zu finden? Wo bleibt da die schöne Wohnung, der tolle Urlaub... Oder einfach nur das zarte Gefühl von glücklich oder zumindest zufrieden zu sein?

Schauen Sie sich also die Ergebnisse und Leistungen der Menschen an, die diese Ziele bereits erreicht haben.

„Die Natur hat uns nur einen Mund, aber zwei Ohren gegeben, was darauf hindeutet, dass wir weniger sprechen und mehr zuhören sollen." (Zenon von Kition 333 v.Chr. – 264 v.Chr.)

Also, schön zuhören!

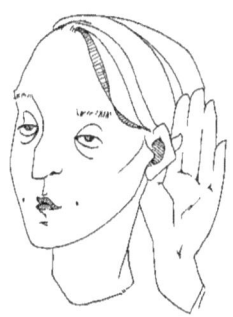

Gedanke 3 von ... Wie kann ich dem Schicksal ein Schnippchen schlagen? Rezepte auf dem Weg zum Erfolg

Erfolgreiche Personen weisen einige Gemeinsamkeiten auf. Dazu zählen mindestens folgende Eigenschaften:

Erfolgreiche Menschen kennen ihre Stärken. Auch wenn das viele Menschen als selbstverständlich ansehen, ist dem nicht so. Ich

bin sogar der Meinung, dass vielen ihre eigenen Stärken gar nicht bewusst sind.

Nur mit der Kenntnis über die eigenen Stärken ist es nicht getan, man muss sie auch nutzen und ausbauen. Also konzentrieren Sie sich nicht auf die Schwächen und versuchen Sie auch nicht, gegen sie anzukämpfen, sondern richten Sie den Fokus ganz auf die Stärken.

Erfolgreiche Personen lieben das, was sie tun. Und wenn man das liebt, was man tut, fällt einem vieles leichter. „Mit 'nem Teelöffel Zucker schluckt man jede Medizin" (deutscher Schlager).

Erfolgreiche Menschen sind ergebnisorientiert. Sie setzen sich Ziele und arbeiten auf diese gezielt hin.

Wir sehen meist nur den Erfolg, aber selten, was alles dahintersteckt. Erfolg kommt nicht von heute auf morgen. Meist stecken viel Fleiß und Arbeit, zahlreiche Niederlagen, überwundene

Schwierigkeiten, Rückschläge u.v.m. dahinter - all das sehen wir nicht bzw. können oder wollen wir nicht sehen.

Von Erfolg gekrönte Menschen sind selbstbewusst. Sie wissen was sie können und wie sie sich am besten „verkaufen", um ihre Interessen durchzusetzen. Probleme und Rückschläge werden als Chancen und Erfahrungen wahrgenommen.

Durchhaltevermögen ist eine Eigenschaft, die den Erfolg fördert. Wer bei jeder Schwierigkeit eine Kehrtwendung macht, wird sein Ziel kaum erreichen. Ausdauer und Selbstdisziplin fördern hingegen die Zielerreichung.

Bremser auf dem Weg zum Erfolg sind Ausreden, um die man so schnell nicht verlegen ist: Nicht erhaltene Chancen, schwierige Umstände oder was auch immer, können einem die Grundlage dafür bieten. Erfolgreiche Menschen suchen keine Ausreden, sondern finden Chancen und Wege.

Erfolgreiche Menschen sind entscheidungsfreudig. Denn sie wissen, wo sie hinwollen. Demjenigen, der sein Ziel kennt, fällt es leichter, Entscheidungen zu treffen und die nächsten Schritte in Gedanken weiterzugehen.

Ein breitgefächertes Netzwerk öffnet Türen und Tore. Erfolgreiche Menschen haben in der Regel viele Kontakte, auf die sie zurückgreifen können und von denen sie Unterstützung erhalten.

Und jetzt noch etwas, was ich Ihnen besonders ans Herz legen will:

Nehmen Sie sich ein Beispiel.

Suchen Sie Orte auf, an denen Sie erfolgreiche Menschen treffen können. Und ich meine nicht, dass Sie Ihre Zeit in irgendwelchen In-Lokalen fristen sollen. Vielmehr denke ich an Museen, Cafés, Konzerte usw. Verbringen Sie Zeit mit interessanten und erfolgreichen Leuten. Hören Sie ihnen gut zu.

Umgeben Sie sich mit schönen Dingen, mit Ästhetik und auch „Luxus" (ich überlasse Ihnen die Interpretation dieses Begriffes – was immer Sie darunter verstehen) und holen Sie sich Ihr „Millionärsgefühl".

Wenn Sie sich einmal die Vielzahl der Boulevardpresse ansehen, die über das Leben der Stars und Sternchen berichtet, oder die Einschaltquoten im Einzelnen betrachten, wenn mal wieder eine royale Hochzeit im TV übertragen wird, dann sehen Sie, wie groß doch das Bedürfnis nach Anteilnahme an diesen Ereignissen oder Leben derjenigen ist, die letzten Endes doch auch nur normale Menschen sind. Viele wollen so sein, viele wollen so leben – oder zumindest ein bisschen so. Wohl aber sind es so viele, die sich dafür interessieren, dass davon eine ganze Industrie lebt.

Ahmen Sie erfolgreiche Menschen nach: Imitieren Sie ihre Methoden, ihre Körperhaltung, ihre Art zu leben – und entwickeln Sie aus den Ihnen positiv erscheinenden Merkmalen **Ihr** ganz eigenes, individuelles Profil.

Individualisieren Sie Ihre Fähigkeiten und Fertigkeiten – kreieren Sie Ihren eigenen Stil.

Üben Sie vor einem Spiegel, kontrollieren Sie sich. Üben Sie auch, Ihre Stimme einzusetzen, dann haben Sie auch was zu sagen. Und man wird Ihnen zuhören.

Was machen Ihre Hände in Ihren Taschen? Ist Ihnen kalt oder wollen Sie auf Ihre Geldbörse (ist eh nix drin) aufpassen? Setzen Sie Ihre Hände ein, wenn Sie sprechen, gewinnen Sie dadurch Raum. Machen Sie Platz für sich.

Ich kann mich noch gut daran erinnern, wie damals in Deutschland in den 1970er Jahren am Samstagnachmittag eine Sendung mit dem Titel „Kung Fu" lief. David Carradine war der Star dieser Sendung und „kungfute" sich, unterlegt mit fernöstlichen Weisheiten, durch den wilden Westen.

Sie hätten mal danach auf die Straße gehen sollen – alle, die die Sendung gesehen haben, waren plötzlich Kwai Chang Cane.

Dass in dieser Zeit viele Sportstudios mit entsprechendem Angebot eröffneten, war kein bloßer Zufall.

Gedanke 4 von ... Warum stinkt's mir manchmal so? Wie ich meinen Stallgeruch überliste

"Sage mir, mit wem du (und wie du mit dir) umgehst, und ich sage dir, wer du bist!"

Sicher haben Sie schon beobachtet, dass viele Fans ihren Idolen hinterher reisen, um sich in ihrer Nähe "Kraft" zu holen und sich in deren "Sonne" zu wärmen.

Sie ahmen ihre Stars nach, kleiden sich wie diese, die Frisur wird entsprechend gestylt. Sie beginnen sich genau wie sie zu bewegen und singen in einer Weise von der sie glauben, dass diese der Gesangsart ihres Idoles ähnelt (man denke nur an die weite Verbreitung von Elvis Doubeln). Sie verwenden das neueste Eau de Toilette, das der berühmte Geheimagent auch zu verwenden scheint, oder die Schminke, die von ihrem Superstar getragen wird. Im Extremfall suchen sie sich sogar einen Chirurgen, der sie am Ende so "modelliert" wie ihr heißgeliebtes Idol.

SO sollen Sie das allerdings nicht machen – denn so leben Sie an SICH vorbei. Sie sollen ja SIE werden. (Jetzt sagen Sie bloß nicht: "Im Gedanken 3 von ... hat der Domnowski das aber so gesagt..." Ich sprach nämlich auch an der Stelle von Ihrem eigenen Stil!)

Allerdings lehrt uns dieses Nachahmungsverhalten etwas: Menschen, die so leben, haben ihren Weg gefunden sich auf eine höhere Stufe empor zu heben und sich dabei gut zu fühlen. Vermutlich brauchen sie diese Art von Scheinwelt, um überhaupt leben zu können.

DAS brauchen **SIE** nicht!

Um es Ihnen nochmal deutlich zu machen: Wenn Sie den ganzen Tag in einer Frittenbude stehen und diese Kartoffelstäbchen in Fett heraus backen, dann wundern Sie sich doch auch nicht, wenn Sie abends nach Fett stinken.

Wenn Sie sich also in der Umgebung von Miesmachern und Jammerlappen befinden, dann werden auch Sie genau zu einem solchen, weil so was ansteckend wirkt.

Sie werden auch ein langes Gesicht ziehen, schimpfen und wehklagen über diese böse Welt, in der Sie ja nur ein kleines Rädchen sind und sowieso nichts ändern können.

Mit dem letzteren haben Sie vielleicht Recht, wenn es um großpolitische Dinge geht, aber... Sie können für SICH bestimmen, inwieweit Sie so leben wollen oder nicht.

Vergessen Sie also das Motto *„Wenn der Kerl nicht schwimmen kann, ist die Badehose schuld."* Und nehmen Sie stattdessen *„Jeder ist seines eigenen Glückes* (und Unglückes!) *Schmied."*

Wenn Sie sich mit Menschen umgeben, die Wissen, Herzlichkeit, Können, Benehmen, Liebe und Erfolg in sich tragen, werden Sie sehr schnell feststellen, dass auch Sie davon angesteckt werden. Sie fangen an, sich mit Ihren Möglichkeiten und Fähigkeiten zu entwickeln. Ich verspreche Ihnen, Sie werden staunen, was da so alles in Ihnen wohnt und nur darauf wartet, entdeckt und genutzt zu werden.

Und vielleicht gibt es ja jemanden, dem Sie das schuldig sind und Sie eines Tages (spätestens bei der großen Lebensinventur, also in Ihrer letzten Stunde) Rechenschaft (vor sich) ablegen müssen. Eines ist sicher: Sie werden erfolgreich sterben. Da hat noch keiner versagt. Aber ehrlich, soll das wirklich Ihr einziger Erfolg bleiben?

„Wer andere besiegt ist stark. Wer sich selbst besiegt, hat Macht." (Lao-Tse)

Fabelhafte Neuigkeiten von Ihrem Selbst

Die Fabel von den Fröschen

„Eines Tages entschieden die Frösche, einen Wettlauf zu veranstalten. Um es besonders schwierig zu machen, legten sie als Ziel fest, auf den höchsten Punkt eines großen Turms zu gelangen. Am Tag des Wettlaufs versammelten sich viele andere Frösche, um zuzusehen. Dann endlich – der Wettlauf begann. Nun war es so, dass keiner der zuschauenden Frösche wirklich glaubte, dass auch nur ein einziger der teilnehmenden Frösche tatsächlich das Ziel erreichen könne. Anstatt die Läufer anzufeuern, riefen sie also "Oh je, die Armen! Sie werden es nie schaffen!" oder "Das ist einfach unmöglich!" oder "Das schafft ihr nie!" Und wirklich schien es, als sollte das Publikum Recht behalten, denn nach und nach gaben immer mehr Frösche auf. Das Publikum schrie weiter: "Oh je, die Armen! Sie werden es nie schaffen!" Und wirklich gaben bald alle Frösche auf – alle, bis auf einen einzigen, der unverdrossen an dem steilen Turm hinaufkletterte – und als einziger das Ziel erreichte. Die Zuschauerfrösche waren vollkommen verdattert und alle wollten von ihm wissen, wie das möglich war. Einer der anderen Teilnehmerfrösche näherte sich ihm, um zu fragen, wie er es geschafft hatte, den Wettlauf zu gewinnen. Und da merkten sie erst, dass dieser Frosch taub war!"*

Kennen Sie diese ewigen Miesmacher, diese Looser vor dem Herrn, die Gott und die Welt für alles vermeintlich Schlechte und Erfolglose verantwortlich machen?

Kennen Sie diese uralten Sprüche wie „Das wird eh nix, versuche es gar nicht.", „Warum glaubst du, hast ausgerechnet du Erfolg, wo schon ganz andere gescheitert sind?", „Wer bist du, dass du das glaubst, dass du...?"

Kennen Sie das?

So werden Sie übrigens groß: „Das kannst du nicht", „Das darfst du nicht", Da bist du noch zu klein für..." Alles Erziehungssprüche von den Menschen, die sagen, dass sie uns lieben. Wunderbar, oder?

Kennen Sie nicht auch das Gefühl, das Sie bekommen, wenn Sie jemand anderem zunächst voller Energie und Tatendrang von Ihrer Idee oder Ihrem Vorhaben erzählen, dieser Ihnen dann aber, einem Schmarotzer gleich, alle Ihre Freude, alle Ihre Energie wieder nimmt, um Ihre Zweifel zu nähren, indem er Sie auf den „vermeintlichen Boden der Tatsachen" zurückholt?

Ja? Fühlen Sie mal... und haben Sie ein komisches Gefühl in Ihrem Bauch?

Schnürt es Ihnen die Kehle zu? Kommen da alte Bilder und Erinnerungen hoch?

Aha, erwischt - die alten Lehrsätze, die verschimmelten Glaubensdogmen steigen wieder in Ihnen auf.

Die Schwerkraft Ihrer Seele… Ach ja, nur nebenbei – Seelen wollen fliegen! Schwerelos – das ist ihre ursprüngliche Daseinsberechtigung.

Arnold Schwarzenegger (der mit den Muskeln, der später zum Cyborg wurde) sagt in seinen sechs Regeln zum Erfolg dazu:

„*Die 4. Regel heißt:* **Hör' nicht auf die Neinsager:** *Ich meine, wie oft hast du schon gehört: "Du kannst dies nicht, du kannst jenes nicht" und "Das hat noch nie jemand getan"? Ich liebe es wenn jemand sagt, dass "es noch nie jemand getan hat", weil ich dann der erste bin, der es sich getraut hat. Gib also den Menschen, die sagen, dass du etwas nicht kannst, keine Aufmerksamkeit. Ich höre niemals auf jemanden, der sagt: "Du kannst das nicht!". Ich höre immer nur auf mich selbst und sage: Doch, du kannst es!*" (Arnold Schwarzenegger)

Ich trainiere seit vielen Jahren in den unterschiedlichsten Sportstudios und so habe ich auch schon viele Möchtegern-Experten mit und ohne entsprechende sportliche Ausbildung erleben dürfen, die mir mit Übergewicht und schlechtem Muskelstatus erzählen wollten, wie man die eine oder andere Übung richtig macht, damit man abnimmt oder einen ansehnlichen Körper bekommt.

Kommt Ihnen das auch bekannt vor? Da steht jemand vor Ihnen und erzählt, wie es geht und hat selber nichts auf dem Leisten. Und ich frage mich dann: Warum machen es diejenigen, die meinen, es besser zu wissen, dann nicht auch tatsächlich besser?

Also: **Werden Sie bei außenstehenden Besserwissern bitte sofort taub.** Sie wissen es in erster Linie zunächst einmal besser, was gut für Sie ist, was Ihnen nützt und wie Sie weiterkommen.

Nur der Vollständigkeit halber verweise ich Sie hier nochmal auf die Stärken erfolgreicher Menschen. Nur für den Fall, dass Sie diese noch nicht in Ihr Herz und in Ihr Hirn eingebrannt haben. Und feige Ausreden gelten schon gar nicht…

Sie wollen Dampf ablassen oder brauchen eine kleine Pause? Schreiben Sie Ihre Gedanken auf – das ist IHR Platz dafür:

Gedanke 6 von ... Wenn ich es doch nicht mehr hören mag? Tipps, wie Sie an den richtigen Stellen abschalten

Werden Sie taub, wenn Ihr Bankberater Ihnen etwas von einer Super-Investition erzählt und fragen Sie ihn, ob er auch diese Möglichkeit nutzt. Schauen Sie sich an, wo er wohnt und welches Auto er fährt. Immerhin sollte er doch wissen, „wie man Geld macht", oder?

Werden Sie taub, wenn Sie in den mittlerweile zahlreichen TV-Verkaufssendern dickleibige Moderatorinnen und Moderatoren sehen, die Ihnen die neuesten und wirksamsten Diäten verkaufen wollen. Warum sehen diese Leute dann selbst nicht so aus, wie es die Diät verspricht?

Werden Sie taub, wenn Ihnen jemand erzählen will, dass Muskeln und eine gute Figur in sechs Wochen nur durch „Blablabla" erreicht werden können.

Werden Sie taub, wenn Ihnen ein Mann in einem weißen Kittel erzählen will, wie Sie wieder gesund werden können, ohne **IHREN EIGENEN** Beitrag (und damit meine ich nicht die übersteigerte Narzissten-Rechnung, die Sie dann bekommen) dafür leisten zu müssen.

Werden Sie taub, wenn empathielose Menschen Ihnen Gefühle erklären wollen.

Werden Sie taub, wenn Ihnen jemand im Namen Gottes erzählen will, dass Sie ein Sünder vor Gott seien und Sie sich schuldig zu fühlen haben und dann Buße tun müssten. Wenn Gott reine Liebe und allwissend ist, dann schickt er keine Prüfungen, er würde das Ergebnis ja eh schon kennen. Ebenso schickt er keine Kriege, Krankheiten oder lässt die armen, kleinen Kinder verhungern und sterben. Was wäre das denn auch für ein Gott, der mit seinen Kindern, und das sind wir doch wohl (sagt zumindest die Kirche), so umgehen würde? Nochmal, Gott ist die absolute und reinste Liebe – und Liebe kennt diese kleingeistigen Dinge wie Erbsünde und Strafen nicht.

So scheinen wir ja schon auf diese Welt zu kommen: Schuldig. Doch für welches Verbrechen? Und für wen sollen wir da büßen?

Für das, was in der Welt passiert, sind **WIR** verantwortlich – Sie und ich und der Rest der Menschenbande.

Die DDR-Band „Karat" hat das in einem Refrain eines Liedes wunderbar beschrieben: *„Uns hilft kein Gott, unsere Welt zu erhalten"*.

Da ist es wieder, das Thema - Ihr Thema: Sie sind verantwortlich für **IHR** Leben und was daraus wird – **SIE**!

Das Hohe Lied der Liebe

„Wenn ich in den Sprachen der Menschen und Engel redete, /
hätte aber die Liebe nicht, /
wäre ich ein dröhnendes Erz oder eine lärmende Pauke.
Und wenn ich prophetisch reden könnte /
und alle Geheimnisse wüsste /
und alle Erkenntnis hätte; /
wenn ich alle Glaubenskraft besäße /
und Berge damit versetzen könnte, /
hätte aber die Liebe nicht, /
wäre ich nichts.
Und wenn ich meine ganze Habe verschenkte, /
und wenn ich meinen Leib dem Feuer übergäbe, /
hätte aber die Liebe nicht, /
nützte es mir nichts.
Die Liebe ist langmütig, /
die Liebe ist gütig. /
Sie ereifert sich nicht, /
sie prahlt nicht, /
sie bläht sich nicht auf.
Sie handelt nicht ungehörig, /
sucht nicht ihren Vorteil, /
lässt sich nicht zum Zorn reizen, /
trägt das Böse nicht nach.
Sie freut sich nicht über das Unrecht, /
sondern freut sich an der Wahrheit.
Sie erträgt alles, /
glaubt alles, /
hofft alles, /

hält allem stand.

Die Liebe hört niemals auf."

(1 Korintherbrief 13,1-13)

Soviel zu Gott!

Nun noch drei ganz wichtige Gehörlosen-Gesetze:

1. Werden Sie taub, wenn jemand über einen anderen abzieht, halten Sie sich frei von Mobbing und Getratsche.

2. Werden Sie taub, wenn jemand Sie vorführt und herabsetzt.

3. Und werden Sie taub, wenn Ihr innerer Teufel Ihnen schon morgens vor dem Spiegel einreden will, dass Sie nichts taugen oder aussehen wie Ihre eigene Nachgeburt und Sie eine Laune haben wie nach einem Darmverschluss.

Mit niemandem geht man selbst so gnadenlos ins Gericht, wie mit sich selbst. Was versprechen Sie sich davon, wenn Sie sich täglich einreden, wer und was Sie alles nicht sind und was Sie in der Vergangenheit versäumt haben zu tun oder zu lassen? Was glauben Sie, warum man Leichen im Keller lassen soll? Was glauben Sie passiert, wenn Sie diese ausgraben – möglichst noch häufig?

Zombies. Es stinkt bestialisch. Verfall, Fäulnis, Verwesung... das passiert. Walking Dead lässt grüßen.

Also warum die alten Dinge ausgraben?

Manfred Spitzer, ein sehr bekannter und anerkannter Psychotherapeut sagt dazu: *„Nicht das Trauma macht krank, sondern der Umgang mit dem Trauma."* Und die ständige Erinnerung daran, das ständige darin-Rühren, immer wieder den Finger in die Wunde legen. Unter diesen Umständen ist sicher KEINE Heilung möglich!

Kratzen Sie doch mal permanent an Ihrem Wundschorf... was da wohl passiert???

Zu Deutsch: **Ihre persönlichen Leichen lassen Sie bitte dort, wo sie hingehören: Auf dem Friedhof Ihrer Seele.**

Lassen Sie den Deckel des Sarges zu in dem diese liegen und richten Sie sich zum Licht und zur Erkenntnis auf, denn dann stehen Sie schon zumindest einmal gerade. Beginnen Sie zu arbeiten (zunächst mal an sich selbst) und nur dann entwickeln Sie sich auch.

Zur Beachtung:

Ich stelle hier keineswegs die Notwendigkeit von Therapien in Frage, sondern rufe alle, die sich gerade in einer Therapie befinden zur Mahnung und plädiere dabei für Folgendes:

Arbeiten Sie mit und überlassen Sie die Lösung Ihres Problems nicht einem Therapeuten. Es ist IHR Ding. Der Therapeut sollte Sie nur unterstützen und begleiten.

Warum glauben Sie, hat unser Gehirn die oftmals gnadenreiche Gabe, Dinge oder Geschehnisse, die schmerzbehaftet sind, zu vergessen? Will es uns damit vielleicht schützen?

Ein deutlicher und eindringlicher Aufruf, die Vergangenheit hinter sich zu lassen, anzunehmen, sich mit ihr auszusöhnen, alles wegzuräumen, was Sie daran hindert zu leben und dann nach vorn ins Leben zu marschieren, in Ihr Leben zu gehen, findet sich bereits in der Bibel:

Die Frauen am leeren Grab

„1 Am Sonntagmorgen dann, in aller Frühe, nahmen die Frauen die wohlriechenden Öle, die sie sich beschafft hatten, und gingen zum Grab.

2 Da sahen sie, dass der Stein vom Grabeingang weg gerollt war.

3 Sie gingen hinein, doch der Leichnam von Jesus, dem Herrn, war nicht mehr da.

4 Während sie noch ratlos dastanden, traten plötzlich zwei Männer in strahlend hellem Gewand zu ihnen.

5 Die Frauen fürchteten sich und wagten sie nicht anzusehen; sie blickten zu Boden.

Die beiden sagten zu ihnen: »Was sucht ihr den Lebenden bei den Toten?

6 Er ist nicht hier; Gott hat ihn vom Tod auferweckt!"

(Die Bibel, Matthäus 28)

Wann erleben Sie **IHRE** persönliche Auferstehung?

Vielleicht besser noch vor Ihrem Tod, oder?

Also wach werden, Leute! Am besten heute noch – jetzt sofort!

Schaffen Sie sich Ihr eigenes, ganz persönliches Ostern – wann immer Sie wollen.

Gedanke 7 von ... Wer oder was macht mein Leben zum Sterben langweilig? Pathologisches und anderes vom Sterben und vom Tod

Die lateinische Inschrift *„Mortui vivos docent"* - „Die Toten lehren die Lebenden" ist ein Lehrsatz, der aus der Pathologie stammt. Er meint, dass der Tote zu uns spricht, unhörbar, aber doch für den Experten verständlich. Der Experte wird im Angesicht des Toten zu seinem Schüler.

(Weiß ich aus eigener einjähriger Tätigkeit in der Pathologie.)

Dieser Satz prangt sogar über den vier Tischen aus Edelstahl im Sektionssaal der Pathologie im Schwabinger Krankenhaus und wer weiß wo noch auf dieser Welt.

Dass dies nicht nur für den medizinischen Bereich gilt, beweist eine Studie, die auch insbesondere Ihr ganz persönliches Leben betrifft.

Nicht nur die Toten lehren uns, sondern auch die Sterbenden! *"morientis docere viventium"* . Also nun wieder schön zuhören.

Die Australierin Bronnie Ware hat viele Jahre als Krankenschwester in der Palliativmedizin gearbeitet. Sie hat ihre Erfahrungen mit sterbenden Menschen unter anderem in ihrem Buch "The Top Five Regrets Of The Dying: A Life Transformed By The Dearly Departing" verarbeitet. Hier beschreibt sie die fünf am häufigsten geäußerten unerfüllbaren Wünsche an die Vergangenheit, von denen ihr die von ihr betreuten Menschen am Ende ihres Lebensweges erzählt hatten.

„Ich wünschte, ich hätte den Mut aufgebracht, ein Leben getreu mir selbst zu führen - anstatt eines, das andere von mit erwarteten."

„Ich wünschte, ich hätte nicht so viel gearbeitet."

„Ich wünschte, ich hätte den Mut aufgebracht, meine Gefühle zu zeigen."

„Ich wünschte, ich wäre mit meinen Freunden in Kontakt geblieben."

„Ich wünschte, ich hätte mich glücklicher sein lassen."

Bronnie Ware: „5 Dinge die Sterbende am häufigsten bereuen" (Arkana Verlag, München 2012) (Die nun folgende Aufzählung stammt aus der oben genannten Quelle.)

„Ich wünschte, ich hätte den Mut gehabt, ein Leben nach meinen Vorstellungen zu leben."

Fazit: Wenn Du krank bist, ist es zu spät. Nur die Gesundheit räumt die Freiheit ein, die eigenen Träume zu leben und nicht immer nur die Erwartungen der Anderen zu erfüllen. Dieser Freiheit werden allzu viele erst auf dem Totenbett gewahr, wenn es zu spät ist. Oder haben Sie noch ein „Ersatzleben" in Ihrem Kleiderschrank?

„Ich wünschte, ich hätte nicht so viel gearbeitet."

Diesen Wunsch gaben alle männlichen Patienten an. Sie bereuen, früher der Familie und den Kindern zu wenig Zeit eingeräumt zu haben.

Mal nachdenken – erst ermuntere ich Sie zu arbeiten und nun dieser Satz. Wie passt das zusammen?

Das ist leicht. Sie sollten sich immer Prioritäten setzen. Was wollen Sie? Familie? Dann tun Sie bitte alles, dass Sie und Ihre Bande glücklich werden. Kinder? Dann lernen Sie eine gute Mutter und ein guter Vater zu werden. Wie? Information heißt das Zauberwort. Lesen Sie viel, bilden Sie sich. Pädagogik ist eine heute SEHR vernachlässigte Kunst. Weihen Sie sich in diese Kunst ein. Klar, Kinder werden auch so groß, aber wie?

Eine kleine Geschichte dazu – da ich ja selber ein Diplom als Pädagoge und dann auch noch eines als Sozialpädagoge habe, zieht es mich natürlicherweise zu solchen Themen.

Vor vielen Jahren war ich mal mit einer Frau in einer Beziehung, die zwei hochbegabte Kinder hatte. Und glauben Sie mir: Das ist heftig (die Tochter war auch noch mit ADHS „gestraft") - oder was geben Sie für eine Antwort, wenn Ihr Kind Sie aus dem „Nichts" fragt, wie alt eine Ananas ist, wenn diese auf Ihrem Teller liegt, und Sie dabei möglichst klug und wissend anschaut? Wie reagieren Sie, wenn Ihr Kind innerhalb von Stunden besser Schach lernt und spielt als Sie in Jahren, oder Ihnen mit technischer Raffinesse oder ethischen Fragen kommt, die weit über dem Erkenntnisstand eines durchschnittlichen Kindes liegen?

So war es auch hier und meine damalige Partnerin entschloss sich, ihr Schicksal mit betroffenen Eltern zu teilen - und zu lernen. Ich ging natürlich zu diesen Veranstaltungen mit und war doch sehr über die Blödheit (oder sollte ich sagen: Naivität) der Eltern überrascht.

Ein Elternpaar hat sein Kind, obwohl es wusste, dass ihr Sprössling hochbegabt war und entsprechende Schwierigkeiten in der Schule und privat hatte, bis zum 13. Lebensjahr im normalen Schulsystem belassen, ohne zu intervenieren. Die meisten Lehrer wissen doch immer noch nicht genügend über diese Thematik und weisen betroffene Eltern und Kinder mit einer kaum zu glaubenden Hochnäsigkeit und dummen, ignoranten „Klugscheißerei", ab, da ja für diese „Schülerexoten" in unserem Bildungssystem kein Platz ist.

Ich fragte sie, was sie denn die ganze Zeit gemacht haben, während sie mitbekommen haben, dass ihr Kind offensichtlich anders war als ihre anderen Kinder oder andere Kinder überhaupt.

Die Antwort war wie erwartet, dämlich – sie hätten erst mal ihr Haus gebaut, dann ein Auto gekauft, einen kleinen Gartenteich angelegt, nachdem man sich darüber Gedanken gemacht hat, welche Obstbäume wohl am besten passen würden.

Wenn das alles wichtiger ist, als das eigene Fleisch und Blut mit Liebe, Zeit, Wissen, Geduld, Umsicht, Klarheit und Ausdauer auf das Leben vorzubereiten, was wird dann erst aus dem Nachwuchs? Wenn das heutige Verblödungs-TV wichtiger ist als eine ordentliche Bildung mit Beherrschung der eigenen Muttersprache (ist sehr vorteilhaft), dann muss ich mich über den Nachwuchs wirklich nicht wundern.

Also Prioritäten setzen. Sich Zeit nehmen. GANZ bei der Sache sein - egal um welche es sich auch handelt.

„Ich wünschte, ich hätte den Mut gehabt, meine Gefühle zu zeigen."

Durch das Verstecken der eigenen Gefühlswelt leiden viele ein Leben lang, vor allem im Alter.

Gefühle. Haben Sie welche? Und wenn ja, wo sitzen die denn? Sind Sie Indianer? Die kennen ja bekanntlich keinen Schmerz. Oder wann haben Sie Ihrem Partner das letzte Mal gesagt, dass Sie ihn lieben und respektieren? Oder ihn wissen lassen, dass Sie die Erde heute besonders drückt?

Erlauben Sie sich diesen wunderbaren Farbkasten von Gefühlen, der in Ihnen ist. Schimpfen und zetern Sie, wenn Ihnen danach ist, manchmal ist das Leben eben das, was die Kuh auf der Weide von sich gibt... Aber zetern Sie nicht zu lange. Dann Arschbacken zusammenkneifen und weitermarschieren.

Und wenn Sie jammern, dann bitte nur vor Ihrem eigenen Spiegelbild – keiner will das hören und auch Sie werden sofort damit aufhören, wenn Sie sich selber im Spiegel dabei sehen.

„Keine Zeit für Beziehungen und Freundschaften gehabt zu haben".

Jetzt kommen die „Einschläge" näher und Sie stellen fest, dass auch Sie nicht unsterblich sind. Freunde gehen auf die andere Seite oder orientieren sich anders. Ihr „Aktionsradius" an Freunden wird magerer und Sie bemerken, dass Freunde Geschenke des Lebens sind. Sie vermissen diese Kontakte, die Vertrautheit „der besten Freundin oder des besten Freundes". Jemanden, dem Sie vertrauen, mit dem Sie lachen, weinen, siegen und auch verlieren, der immer neben Ihnen steht und Ihr Leben mit Ihnen teilt.

Der Begriff „Freundschaft" ist dem sehr nüchternen Begriff des sozialen Netzwerks gewichen. Eine Freundin oder einen Freund zu haben, ist was Besonderes und beschränkt sich nicht nur auf den virtuellen Raum in Form eines „Like".

Dazu ein kurzes Statement.

Ich hatte die große Ehre, einen besten Freund zu haben. Wir lernten uns im Alter von zehn Jahren kennen und das Schicksal gab uns 20 wunderbare tiefe Jahre, diese Freundschaft zu leben und zu erleben. Dann ging mein Freund, bedingt durch eine schlimme Krankheit, in einen anderen Raum – er starb, nicht mal 30 Jahre alt. Mit ihm starb auch ein Stück in mir. Ich fand nie wieder jemanden, der so besonders, so anderes war wie Andreas, so hieß nämlich mein Freund.

Freundschaft ist eines der kostbarsten Güter dieses Lebens.

„Ich wünschte, ich hätte mir mehr Glück erlaubt".

„Man bemerkt, lange zu sehr den Alltagsgewohnheiten und dem Trott nachgegangen zu sein und dabei das eigene Glück verpasst zu haben. Glück ist eine Wahl, die man treffen muss, das Glück will erkannt und festgehalten sein bzw. am Schopf gepackt werden – und diese Wahl hat man verpasst."

Ja, das mit dem Glück ist so eine Sache... Allerdings, warten Sie nicht auf Ihr Glück. Genau das ist nämlich der Inhalt der Botschaft. ERLAUBEN Sie sich IHR Glück. Nehmen Sie sich Ihr Glück. Sie wissen ja, auch hier ist der Volksmund klüger als wir in unserem Computer- und Kommunikationszeitalter. *„Jeder ist SEINES Glückes Schmied."*

Und Schmiede arbeiten hart, kommen dabei ins Schwitzen, werden Herr über das Feuer und das Metall und formen etwas daraus. Was es ist, bestimmen SIE, Sie ganz allein.

Also, Hammer, Amboss, Feuerstelle, ein Stück Metall, Kenntnisse, Ausdauer, Spucke und keine Angst vor Blasen und Verbrennungen – daraus ist Erfolg und Zufriedenheit gemacht.

Fazit: Immer dran denken, das letzte Hemd hat keine Taschen... Und sitzt meist nicht wirklich gut.

Tragen Sie lieber im Hier und im Jetzt bessere Garderobe mit Taschen, in die Sie Ihr Geld reinstecken können oder mit einem Seitenfach für Ihr Diplom und eine kleine Tasche für die Überraschungseier Ihrer Kinder, einem kleinen Präsent für Ihr Herzallerliebstes...

Und unter Ihrer feinen Garderobe das Herz am rechten Fleck.

In Ihrem Sarg liegen Sie übrigens auf Stroh oder anderen saugfähigen Materialien.

Sie sollten im Leben ein tolles Bett haben, vielleicht eines von diesen wunderbaren Boxspringbetten? Es liegt sich darin sehr komfortabel – anders als auf Ihrem bisherigen (Lebens)-Strohlager.

Gedanke 8 von ... Gedanken zu Gedanken - Oder: Die Philosophie der Pippi L.: „Ich mach mir meine Welt, so wie sie mir gefällt"

Alles im Leben beginnt mit einem Gedanken. Jenem seltsamen Konstrukt aus
dem Inneren unseres Seins, das kaum zu
fassen, flüchtig ist, einfach entsteht oder
das Produkt von intensiven, auch analysie-
renden Prozessen in unserem Kopf ist.

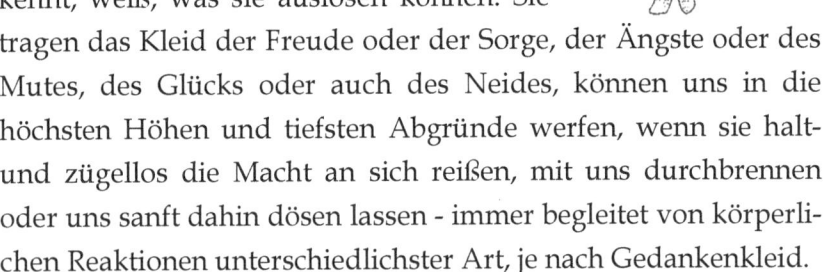

Doch jeder, der die Macht der Gedanken
kennt, weiß, was sie auslösen können. Sie
tragen das Kleid der Freude oder der Sorge, der Ängste oder des
Mutes, des Glücks oder auch des Neides, können uns in die
höchsten Höhen und tiefsten Abgründe werfen, wenn sie halt-
und zügellos die Macht an sich reißen, mit uns durchbrennen
oder uns sanft dahin dösen lassen - immer begleitet von körperli-
chen Reaktionen unterschiedlichster Art, je nach Gedankenkleid.

Sie sind immer da, auch dann, wenn wir sie nicht richtig wahrnehmen, aus dem Unterbewusstsein heraus agieren und nachhal-
tig unser Verhalten, unsere Entscheidungen, ja, unser gesamtes
Leben bestimmen.

Alles, was wir erschaffen oder was schon erschaffen wurde, alles
was wir besitzen, was wir waren bzw. sind, sind zunächst einmal
Gedanken. Jede Ideologie, Idee, Erfindung, Handlung, Tat,
Wahrnehmung, Verhalten war zunächst einmal ein Gedanke.

Daraus wird deutlich, wie mächtig Gedanken sind und wie viel Kraft in ihnen liegt: Kraft, die sowohl positiv schöpferisch als auch negativ destruktiv wirksam sein und beeinflusst werden kann.

Gedanken können befreien oder fesseln. Gedanken können Sie gesund machen oder in Krankheiten stürzen.

Gedanken können Sie auf den Gipfel Ihres Lebens bringen oder Sie die Gewöhnlichkeit und Schwere auf Erden erleben lassen... Was also wollen SIE?

Es ist also wichtig, WAS Sie denken. Warum?

Nun wird es physikalisch: Gedanken sind Formen winziger Energiewellen. Jeder Gedanke hat eine bestimmte Übertragungsfrequenz (Sie kennen das von Ihrem Radio oder Handy). Je nachdem, wie Sie also Ihren Empfänger einstellen, erleben Sie das von Ihnen gewählte Programm. Sie wollen Ihren Lieblingssender hören/sehen, dann müssen Sie die richtige Frequenz einstellen. Die Energie, die der Sender überträgt, wird dann auf die richtige Frequenz geleitet – Sie werden daneben nichts anderes wahrnehmen. Und dennoch tragen zur selben Zeit unendliche Frequenzen unendlich viele Energiewellen mit entsprechendem Programm. Das ist die Realität.

Der Raum ist also immer voll mit unendlich vielen Frequenzen, auf denen die unterschiedlichsten Programme transportiert werden.

Dazu zählen Codes, Skripte, Glaubenssätze oder einfach auch Überzeugungen, die wir im Laufe unserer Entwicklung bewusst oder auch unbewusst erlebt, erfahren und verinnerlicht (eingestellt) haben. Nach diesen Überzeugungen, Grundsätzen oder Kurzformeln handeln wir.

In der Regel überwiegen bei den meisten Menschen die negativen, selbstbeleidigenden Codes: „Das kannst du nicht, das darfst du nicht, da bist du noch zu klein für!" (Kennen Sie ja schon!) „Das schaffst du nie!", „Gott, bist du heute wieder hässlich!" („Aber ich rasiere mich doch?"), „Das kriegst du nie hin!", „Ich bin ein Versager, die anderen sind immer besser, niemand mag mich" (tatsächlich?)...

Sie erscheinen bewusst oder unbewusst, führen Regie, oft gegen unsere Wünsche, Absichten und Interessen. Sie beeinflussen unsere Lebensdrehbücher maßgeblich und prägen unseren Blick auf die Dinge, die Welt, unsere Welt.

Wir Menschen produzieren pro Tag durchschnittlich 70.000 Gedanken.

Interessant ist, dass es im Wesentlichen immer dieselben Gedanken sind, da für die meisten von uns der Alltag auch immer derselbe ist – die selben Rituale morgens nach dem Aufstehen, die selben Menschen im Zug auf dem Weg zur Arbeit, der auch immer der selbe ist und auch die Arbeit überrascht uns nicht immer mit etwas Neuem.

Viele von Ihnen fahren zum selben Urlaubsort, leben immer im selben Viertel, tragen immer den selben Garderobenstyle, die selbe Frisur... Wir beschäftigen uns wieder und wieder mit denselben Dingen. Tagein. Tagaus. Diese Rituale zwingen uns nicht zu neuen Verhaltensweisen und lassen uns gedanklich als auch im Leben einrosten. Wir produzieren so immer wieder dieselben

Emotionen mit immer wieder demselben Ergebnis. Keine Chance für das Gehirn, etwas umzubauen. Und das tut es nämlich, wenn wir es benutzen.

Nun fragen Sie sich sicher: Wie kann ich diesen Teufelskreis durchbrechen?

Die Antwort: Kurz und Knackig: **ÜBEN! ÜBEN! ÜBEN!**

Denn Übung macht den Meister – immer noch!

Konkret: Stellen Sie sich neue Fragen, wie etwa: Was wäre, wenn ich einen anderen Beruf hätte? Oder wie wäre mein Leben in einer anderen Stadt?

Was wäre, wenn ich einen Haufen Geld hätte? … Lassen Sie Ihrer Fantasie freien Lauf! Es gibt kein Richtig oder Falsch. Sie zwingen Ihr Gehirn, das zu tun, wofür es gemacht wurde... zum DENKEN!

Lassen Sie also Ihre Fantasie spielen. So wie Sie es auch als Kind gemacht haben, als Sie sich im Spiel das vorgestellt haben, was Sie sein wollten.

Ich bezeichne das als *Gedankenmanöver*.

Sie glauben nicht, dass so was geht?

Dazu ein kleines Experiment: In einer Untersuchung baten Wissenschaftler Probanden eine bestimmte Zeit einen Finger ihrer linken Hand anzuspannen und ihn wieder zu entspannen. Sie trainierten diesen Finger. Gleichzeitig sollte das eine gleiche Anzahl von Teilnehmern einer anderen Gruppe machen – allerdings sollte diese sich das Training des Fingers nur gedanklich vorstellen.

Das Ergebnis war eine Sensation: Die erste Gruppe trainierte sich eine 30% Kraftsteigerung an – nichts ungewöhnliches, denn Muskeln wachsen und werden stärker, wenn sie benutzt werden (gilt auch für Ihre 1.300 Gramm in Ihrem Kopf – nur so nebenbei). Die eigentliche Sensation war, dass die Kontrollgruppe, also die, die sich das Training nur konzentriert vorgestellt hatte, eine Kraftsteigerung von 22% zeigte – und wie gesagt – ohne aktiv etwas zu tun!

Unserem Hirn ist es nämlich völlig egal, was real oder irreal ist. Es kann schlichtweg nicht unterscheiden zwischen „innerer gedachter Erfahrung und äußerer, erlebter."

Es wird also Zeit, dass Sie Herr(in) und Herrscher(in) Ihrer Gedanken werden.

Gedanken haben ein Eigenleben – so wollen sie sich selbst erfüllen und benutzen Sie dabei. Sie sind die Gebärmutter. Wenn Sie also einen Gedanken „gebären", wird er losschreien, weil er beachtet werden will. Sie werden sich seiner annehmen und so werden Gedanken zu Überzeugungen. Diese Überzeugungen bilden dann als besondere Gedankenformen Familien und suchen so als eine Energieform, die sie ja sind, ihre Verwandten – innen als auch außen. Und deshalb begegnen Sie allem, was Ihre Gedanken nährt, sie stark macht, groß macht; Ihr Leben anmalt, es kleidet, zu Ihrem Leben wird.

Wie lange Sie dafür brauchen?

Das hängt ganz von Ihnen und Ihrem Willen und Ihrer Liebe dazu ab, neue Wege gehen und eine Leidenschaft dafür entwickeln zu wollen; es hängt davon ab ob Sie bereit sind, sich ganz und gar darauf einzulassen und dem stetig zu folgen.

Doch Achtung: Untersuchungen haben ergeben, dass Gedanken ihr größtes Potential nach drei Tagen verlieren. Wenn Sie also Ihr Ding nicht in drei Tagen beginnen, werden Sie Ihr Unternehmen oder Ihre Idee mit einer über 90%igen Wahrscheinlichkeit NIE umsetzen! Alles wird so bleiben, wie es jetzt ist – Hamsterrad.

Sie kennen doch sicherlich die Theorie der sich selbst erfüllenden Prophezeiung: Sie werden immer nur das erfahren, an das Sie selbst glauben. Ihr Innenleben wird sich im Bereich des Äußeren widerspiegeln und der Bereich Ihres Äußeren in Ihrem Inneren.

Also was Sie glauben, erleben Sie – ist doch klar oder?

Um es für Sie noch ein wenig übersichtlicher zu machen, zeige ich Ihnen ein Modell auf:

Wir unterscheiden zwei Formen von Überzeugungen/Gedanken

- **hilfreiche/lebendige**
- **begrenzende/tötende**

Diese Überzeugungsmuster laufen auf unterschiedlichen Schienen:

- **bewusst**
- **unbewusst**

Hilfreiche, lebendige Gedanken sind alle positiv formulierten Überzeugungen wie etwa:

„**Das schaffe ich!**" (Klar!)

„**Alles wird gut!**" (Aber sicher!)

„Ich bin toll!" (Sowieso!)

„Wer wohl außer mir…" (Eben!)

„Ich bin gut so wie ich bin…" (und werde täglich besser!)

„Ich habe das Recht…" (und überhaupt…!)

…

Begrenzende, tötende Gedanken sind alle negativ formulierten Überzeugungen wie etwas:

„Das kann ich nicht!" (Gibt es nicht!)

„Ich bin hässlich!" (Echt?)

„Man (ich) mag mich nicht leiden!" (Ist das so?)

„Ich bin es nicht wert!" (Unsinn!)

„Ich bin schuldig!" (Häääh?)

„Ich verdiene es nicht!" (Wer, wenn nicht ich?)

…

Also, welche Frequenz wollen Sie für Ihren Sender einstellen? Was wollen Sie hören, erleben, erfahren? SIE sind die EINZIGE Person die IHRE eigenen Gedanken und Überzeugungen erschaffen und einstellen kann und die SIE dann auch erfahren.

Aber Sie müssen auch den WILLEN haben, den richtigen Sender für sich einzustellen.

1. **Überzeugungen bestimmen also Ihre Erfahrungen, die Sie in Ihrem Leben machen werden. Und welche wollen Sie nun machen?**

2. **Worauf Sie Ihre Aufmerksamkeit richten, verstärken oder intensivieren, wird von Ihrem Leben aufgenommen und umgesetzt, also zu Ihrer Realität.**

3. **Das Werkzeug, das ihre Aufmerksamkeit dazu benötigt, heißt Konzentration.**

Da Sie ja Ihre Energie nicht einfach so verpuffen lassen wollen, wünschen Sie sich bitte keinen Parkplatz vom Universum – wäre ein bisschen wenig, oder? Richten Sie Ihre Energie effektiv auf ein sich für Sie lohnendes ZIEL. Etwas also, was einen Nutzen für Sie hat, Sie bereichert, Sie glücklich und erfüllt macht (oder Ihre Geldbörse füllt).

- **Konzentration Ihrer Aufmerksamkeit auf EIN bestimmtes Ziel. Vergessen Sie Multitasking!**

- **Einen Schritt nach dem anderen, Sie stolpern sonst.**

- **Hindernisse sind Gelegenheiten und Möglichkeiten zu zeigen, was Sie wirklich können. Hindernisse sind z.B. alle negativen Gedanken und Überzeugungen, die Sie auf Ihre Frequenz einstellen und somit auch empfangen.**

- **Ändern Sie Ihre Überzeugungen, so ändern sich auch Ihre Erfahrungen.**

Das Schlimmste in allen Dingen ist allerdings die Unentschlossenheit - Ihre Unentschlossenheit!

Also kommen Sie... auf, auf....

...Was? Sie können nicht? Die Umstände lassen das nicht zu? Ich schreie mich weg!

Napoleon hat einmal gesagt:

„Was soll das heißen 'die Umstände'? Ich bestimme, welche Umstände herrschen." (Napoleon Bonaparte)

Also, werden Sie zu Ihrem eigenen Napoleon. Unmöglich?

Jetzt muss ich den toten Mann schon wieder erwecken -

"Unmöglich ist kein französisches Wort." (Napoleon Bonaparte)

Sie sind kein Franzose? Nehmen Sie diese Übersetzung:

„Das Wort UNMÖGLICH gibt es nur im Wörterbuch von Narren!" (Napoleon Bonaparte) – Sind Sie einer?

„Nehmen Sie sich die Zeit zum Nachdenken, aber wenn die Zeit zum Handeln gekommen ist, hören Sie auf zu denken und gehen Sie es an." (Napoleon Bonaparte)

„Der Sieg gehört den Beharrlichen." (Napoleon Bonaparte)

Gedanke 9 von ... Der Stoff, aus dem die Träume sind. - Oder: Gib mir einen Hammer zum Schmieden!

Sicher werden Sie ein ganz konkretes „Rezept" zum Gelingen des „Unternehmens-Erfolgs" wollen. Eine Art „Backrezept" oder eine **Anleitung zum „Glücklichsein".**

Hier ist es. So wie Sie es vom Aufräumer erwartet haben, weil er es so liebt.

Kurz und bündig:

- **Schaffe realistische Visionen**

- **Bleibe hungrig**

- **Übe dich in Selbstbewusstsein und**

- **Disziplin**

- **Leg dir ein „schlechtes Gehör" zu**

- **Be a Rambo – Töte deinen inneren Schweinehund**

- **Glaube an dich**

- **Sei fleißig**

- **Stärke deinen Willen**

- **Scheue dich nicht vor harter Arbeit**

Hier die Langversion:

Machen Sie sich ein klares Bild von dem, was Sie erreichen wollen. So klar und konzentriert, wie es Ihnen nur möglich ist. Lassen Sie keinen Tag vergehen, sich Ihr Ziel mit all Ihren Sinnen vorzustellen! Sprechen Sie Ihre Ziele laut, klar und deutlich aus. Sie sehen Ihren Erfolg (schauen Sie in den Spiegel, auf Ihren Kontoauszug, in Ihre Garage, in Ihren Kleiderschrank oder einfach nur in Ihr Herz). Sie schmecken Ihren Erfolg (ein wunderbares Essen in einem Ambiente, das Ihnen würdig erscheint). Sie hören Ihren Erfolg (und den Applaus Ihrer Fans). Sie riechen Ihren Erfolg (warum nicht in Form eines „sündhaft" teuren Parfums oder After Shaves?). Sie fühlen Ihren Erfolg (Wellness gefällig - oder das Gefühl, es „geschafft zu haben"?).

Halten Sie sich dabei an einen konkreten Zeitplan, der in überschaubare Teilziele gegliedert ist!

Manchmal verlässt einen im monotonen Alltag die Motivation oder der Glaube an das Ziel oder die Fähigkeiten. **„Diäten Sie sich"**, d.h. bringen Sie sich in einen **„stay hungry"-Zustand**, indem Sie sich wieder und wieder bewusst machen, was in Ihrem Leben dann alles leichter, angenehmer und besser sein wird und wie frei und unabhängig Sie dann sein können.

Ich habe jede Minute meines Trainings gehasst, aber ich habe gesagt, "Höre nicht auf. Leide jetzt und lebe den Rest deines Lebens als Champion". (Muhammad Ali alias Cassius Clay, Boxweltmeister im Schwergewicht)

Werden Sie sich bewusst, dass Sie schon wer sind. Sie haben einen Anspruch auf Erfolg. Sie haben einen natürlichen Anspruch auf Anerkennung. Denken Sie groß und üben Sie schon mal Ihre neue Unterschrift für die „Autogramme", die Sie in Zukunft geben werden.

Züchtigen Sie sich selbst. Klar, Sie können zwischendurch sogenannte „Schummeltage" einlegen, wie es im Bodybuilding heißt, wenn es um die korrekte Ernährung geht, also Tage, an denen Sie Dinge essen, die eigentlich eine „Sünde" in einer gesunden Ernährungsweise sind. Oder wenn Sie einfach mal eine Pause auf Ihrem Weg zum Glück und Erfolg einlegen wollen. Aber dann finden Sie auch wieder in Ihre Schiene zum Erfolg zurück! Geben Sie sich niemals mit dem Status quo zufrieden.

Hören Sie nicht auf die Unkenrufe derer, die am Wegesrand Ihres Lebens stehen und nicht wahrhaben wollen, was sie selbst nicht erreichen können.

Viel Missgunst und Neid wird Sie auf Ihrem Weg begleiten. Das ist unvermeidbar. **Also egal, was die Leute sagen – wenn es sich für Sie gut anfühlt, dann tun Sie es.** Das ist Ihr Weg zum Erfolg.

Sie kennen Rambo? Den unerschrockenen Vietnamveteranen, der sich trotz aller Widerstände treu bleibt und verbissen und siegreich gegen Unrecht, Korruption und Verrat kämpft? Der mit vielen Emotionen seinen Weg treu, zuverlässig, mutig und loyal geht? Ist nicht nur so eine Macho-Sache, meine Damen und Herren! **Gehen Sie Ihren Weg unerschrocken und denken Sie sich aus, wie Sie Ihren inneren Schweinehund töten können.** Genießen Sie das.

Vergessen Sie Hoffnung. Hoffnung trägt immer auch ein Scheitern in sich. **Glauben Sie an sich und Ihre Ziele**, so wie die ersten Märtyrer auch geglaubt und sich für ihre Überzeugung töten lassen haben.

Sie sollen sich allerdings nicht töten lassen – aber Sie haben die Wahl: Für etwas nicht leben oder für etwas sterben. (Sie kennen doch den Ausspruch: *„Um das zu haben, zu kriegen, zu können oder zu sein, würde ich sterben."*)

„Steter Tropfen höhlt den Stein" weiß wieder mal der Volksmund. Wenn Sie (be-) ständig an Ihrem Leben arbeiten, dann werden Sie auch den Tag erleben, an dem Sie das haben, was Sie wollten.

Gandhi sagte: *„Stärke wächst nicht aus körperlicher Kraft, vielmehr aus unbeugsamen Willen. Der Wille kann Sie groß machen – oder auch klein, wenn Sie keinen haben".* *„Sei also deines Willes Herr und deines Gewissens Knecht"*, wie Marie von Ebner-Eschenbach formulierte.

„Die einzige Wahrheit liegt in der Arbeit: Die Welt wird eines Tages das sein, wozu die Arbeit sie gemacht haben wird." (Émile Zola)

Es wird IHRE Welt sein, die Sie so gestalten. Nur durch Ihre persönliche Leistung, durch Ihren unablässigen Fleiß, durch Ihre Ausdauer und Ihre Bereitschaft, mehr zu tun als andere, mehr einzustecken und mehr auszuhalten als andere, werden Sie siegen und das werden, was Sie sein wollen.

Oder wie Sylvester Stallone als Rocky Balboa es in seinem gleichnamigen Film so treffend in einer Szene seinem Sohn gegenüber formulierte:

"Ich werd' dir jetzt was sagen, was du schon längst weißt.... Die Welt besteht nicht nur aus Sonnenschein und Regenbogen. Sie ist oft ein gemeiner und hässlicher Ort. Und es ist ihr egal wie stark du bist - sie wird dich in die Knie zwingen und dich zermalmen, wenn du es zu-

lässt... Du und ich - und auch sonst keiner - kann so hart zuschlagen wie das Leben! Aber der Punkt ist nicht der, wie hart einer zuschlagen kann... Es zählt bloß, wie–viele Schläge man einstecken kann und ob man trotzdem weitermacht. Wie viel man einstecken kann und trotzdem weitermacht... Nur so gewinnt man! Wenn du weißt was du wert bist, dann geh hin und hol es dir. Aber nur, wenn du bereit bist die Schläge dafür einzustecken! Aber zeig nicht mit dem Finger auf andere und sag du bist nicht da wo du hinwolltest, wegen ihm oder wegen ihr, oder sonst irgendjemandem. Schwächlinge tun das! Und das bist Du nicht - DU bist besser!" („Rocky Balboa")

Das Schmieden einer Persönlichkeit ist harte Arbeit.

Also sind Sie nur eine Person oder schon eine Persönlichkeit?

„Motivation bringt dich in Gang – Gewohnheit bringt dich voran." (unbekannt)

„Alle gut verfolgten Dinge hatten bisher Erfolg." (Friedrich Nietzsche)

„Alle Welt macht demjenigen Platz, der weiß, wohin er geht. Gewinner gehen schon vorher davon aus, dass sie gewinnen. Das Leben ist eine Prophezeiung, die sich selbst erfüllt." (Anonym – und gut)

Gedanke 10 von ... Schwimmen für „Landeier" - Oder: Planschen Sie noch, oder schwimmen Sie schon?

Ich kann mich noch gut an meinen Schwimmunterricht als kleiner Junge erinnern.

Die Helden waren die mit den Seepferdchen-, Delfin- oder Hai-Schwimmabzeichen auf der Badehose!

Aber die richtigen Helden dieser Tage im Wasser waren die Totenkopfschwimmer in Schwarz, Silber oder sogar Gold. Diese Abzeichen waren sehr begehrt, zeigten sie doch das ganz Besondere, die außergewöhnlichen Leistungen der Träger, sehr eindringlich und für jedermann sichtbar an.

Nach den Prüfungen waren die Teilnehmer in der Regel sehr erschöpft aber auch sehr stolz und glücklich. Doch warum erzähle ich Ihnen das?

Was hat das mit Ihnen und Ihrem Leben zu tun?

Nochmal meine Frage: Können Sie schwimmen, respektive leben?

Wenn ja, in welchem Becken, respektive Leben, schwimmen Sie? Wie gut? Wie lange? Wie weit vom Beckenrand weg? Und warum gerade in diesem Becken?

Also wenn Sie schwimmen können, werden Sie sicher das Schwimmerbecken mit maximaler Tiefe bevorzugen, ein Becken, wo die tollkühnen und exhibitionistisch veranlagten unter Ihnen auch mal einen „Sensationssprung" vom 3- oder 5- oder gar 10-Meter-Sprungbrett machen können.

In diesem Becken haben Sie genügend Platz und Raum, Ihren Körper schnell und großzügig mit ausladenden Schwimmbewegungen durchs Wasser zu bewegen. Oder auch einfach nur in aller Ruhe vor sich hin schwimmend die andere Seite des Beckens zu erreichen.

Und so ist es auch im Leben. Kennen Sie das Sprichwort: *„Er/Sie muss sich noch freischwimmen"*?

Ja, genau. Auch hier findet unsere Sprache wieder eine so treffende Formulierung für ein inneres und äußeres Wachstum. Sich freischwimmen heißt, routiniert zu werden, Abläufe und Zusammenhänge sicher zu durchschauen und durchzuführen, sich in seinem gewählten Milieu sicher zu fühlen und es auszufüllen, Besitz davon zu ergreifen, damit spielen zu können.

Schwimmen Sie sicher durch Ihr Leben? Haben Sie den Mut, Sprünge zu riskieren? Aus großer Höhe? Womöglich noch mit der sportlichen Einlage einer Sprungfigur? Haben Sie die Ausdauer und Technik auch weitere oder längere Phasen zu schwimmen, also zu leben?

Sind Sie ein Freischwimmer, ein Fahrtenschwimmer, ein Jugendschwimmer oder gar ein Totenkopfschwimmer?

Was von dem? Und wer hält Sie ab, ein Totenkopfschwimmer Ihres Lebens zu werden? Sagen Sie mir bitte: Ist das alles auch in einem Planschbecken möglich? Nein?

Wer oder was setzt Sie denn dann immer noch ins Planschbecken Ihres Lebens? Sie selbst etwa?

Planschbecken sind eng, laut, nicht tief (aus gutem Grund), voll von spielenden (nicht schwimmenden) Kindern, umgeben von einer Vielzahl von Spielzeug und „seltsamen" Gegenständen im Wasser.

Und sie weisen diese „unnatürliche" Wärme auf. Da Kinder sich und die Welt und auch die Zeit im Wasser häufig vergessen, vergessen sie oft auch den Gang zur Toilette.

Und nun zu Ihnen: In diesem Warmwasserbecken und in dieser „Keim-Atmosphäre" wollen Sie baden oder schwimmen, also sich und Ihre Kräfte, gar Ihr Leben entwickeln? Geht das?

Wenn Sie zu den erwachsenen Menschen gehören wollen, die glauben, Rettungsring um die Taille, Schwimmflügelchen an den Armen und eine schlecht sitzende Taucherbrille mit Schnorchel stünden Ihnen gut und würden als Ausrüstung reichen, ja dann… kein Problem.

Ich versuche gerade, mir den einen oder anderen geneigten Leser mal so vorzustellen, wie Sie da in Ihrer kleinkarierten Badehose oder Ihrem 50er-Jahre-Badeanzug stehen... Und dann werden Sie ganz mutig und riskieren doch mal einen kühnen Kopfsprung vom Rand. Wow! Aus so großer Höhe – welches Risiko! Wie wagemutig Sie doch sind.

Wenn Sie nun zum Denken gekommen und nun feststellen, dass Sie doch besser im großen Becken aufgehoben sind, dann sollten Sie auch dort baden, respektive leben. Dort, wo Sie was riskieren und zeigen können, dort wo Sie Platz haben, agieren und reagieren können. Dort, und nur dort können Sie sich freischwimmen, frei von dem Alltäglichen...

Ach ja, ehe ich es vergesse, noch ein kleiner Spruch: „*Wenn du nicht schwimmen kannst, ist **nicht** die Badehose schuld.*" Heißt: Wenn du nicht das Leben führen kannst, das du führen willst, schiebe die Schuld nicht auf die Anderen oder „die Umstände".

Wann also durchqueren Sie Ihren persönlichen Ärmelkanal?

Gedanke 11 von ... Big Mac und andere Körper. - Oder: Wie komme ich in Form?

Keine Angst, ich werde Ihnen keinen Vortrag über eine gesunde Ernährung halten, noch werde ich Ihnen einen Trainingsplan schreiben (könnte ich beides). Aber ich werde Sie vor den Spiegel zwingen, denn wie heißt es so schön: Wie innen, so auch außen.

Ich glaube, dass über Diäten schon alles geschrieben wurde. Und dennoch: Ich muss meinen Senf auch noch dazu geben.

Die allermeisten von uns wollen einen schön geformten und gesunden, leistungsfähigen Körper. Die Natur scheint da ein gewisses Ideal vorzugeben, wobei natürlich auch der Zeitgeist seinen Ausdruck in Kunst und Kultur findet, betrachtet man die Vorstellungen von Körpern oder Figuren in den einzelnen Epochen. Hier findet sich wirklich alles: Von mondän runden Figuren, stattlichen Männern und weiblich gerundeten Damen über athletische Krieger und sehnige Frauen bis hin zu luftdurchlässigen Models und androgynen Männern.

Doch wenn wir ehrlich sind: Welcher dieser Körpertypen ragt aus allen genannten heraus? An welchem Körpertyp kommen wir auch heute (und das seit hunderten von Jahren) nicht vorbei? Es ist der athletische Krieger, der muskulös schlanke David, vom großen Michelangelo erschaffen und so meisterhaft dargestellt. Es ist die Venus von Milo, die wahre Weiblichkeit verkörpert, leicht modifiziert und modernisiert durch die drahtig, leicht muskulös festen Frauenfiguren, die ihre Geburtsstätte im Sportstudio haben.

Welcher Mann möchte nicht tief in seinem Inneren eine „Heldenbrust", an dem sich die Schöne seiner Wahl sicher und wohl fühlt, anlehnen kann, gehalten von zwei starken Armen? Wer sucht nicht oftmals vergeblich den berühmten Waschbrettbauch vor dem Spiegel morgens um halb sieben, bevor er ernüchtert in die Dusche steigt und mit einem sportlichen Duschgel über seiner Hühnerbrust Schaum entstehen lässt? Können Sie im Schwimmbad immer wegsehen, wenn Sie, verehrte Leserinnen und Leser, mit schönen Körpern beiderlei Geschlechts konfrontiert werden?

Welche Frau ist schon mit ihrer Figur wirklich zufrieden (sind Winkeärmchen so sexy?)?

Welche Frau schaut nicht neidisch oder bewundernd auf den festen Busen oder die wohlgeformten Schenkel und Po ihrer Geschlechtsgenossin? Oh, ich höre schon diejenigen, welche die neue Weiblichkeit vertreten (was immer das auch sein mag), anmarschieren – Tante Emma oder so in der Art.

Seien Sie doch einfach mal ehrlich!

Dass wir uns richtig verstehen: Es ist IHR Körper und es ist nicht schlimm, dick zu sein oder untrainiert oder nicht einem bestimmten Ideal (nicht mal dem eigenen) zu entsprechen. **Überhaupt nicht. Wenn es für Sie stimmig ist!**

Dick sein ist keine Schande, aber es ist eine Verwahrlosung des Körpers und ja, auch der inneren Haltung, wenn es tief im Inneren bohrt und rumort und der tiefe, heimliche und leider nicht gelebte Wunsch, es zu verändern, in Ihnen ist.

Ja, beruhigen Sie sich – ich weiß, dass es auch eine krankhafte Fettleibigkeit gibt: Die Macht der Gene... Aber die Medizin weiß heute, dass dies nur einen Bruchteil der adipösen Bevölkerung betrifft. Also keine Ausreden hier...

„Tu deinem Leib etwas Gutes, damit deine Seele Lust hat, darin zu wohnen." (Teresa von Ávila)

All die anderen werden nicht gezwungen, sich den chemisch zusammengepanschten Krempel hineinzustopfen, den man gemeinhin als Fast Food bezeichnet.

Fast Food macht eben Fast Fett. Ich muss mich jedes Mal wundern, wenn bei den berühmten Fastfoodketten die Autos und die Menschen Schlange stehen, um was zu essen, dessen Nährwert gegen Null geht und deren Körper mit Substanzen verseucht, die Sie gar nicht kennen wollen. In der Regel essen/trinken wir zu viele Kohlenhydrate (also Zucker in jeglicher Form) und eben Fett (am schlimmsten beides gleichzeitig). Ja, genau das, was Sie jetzt unter Umständen fühlen, wenn Sie sich mal eben an die Taille greifen oder einfach mal schauen, in welchem Loch Ihr Dorn vom Gürtel sich befindet. So sieht und fühlt man sich wieder. Toll oder?

Die gesamte Essenskultur hat gelitten und ist dem Niedergang geweiht. Da sitzt die Familie nicht mehr zu festen Zeiten gemeinsam an einem Tisch und erlebt eine Gemeinschaft, tauscht sich aus und genießt sowohl die Lebensmittel (nicht Nahrungsmittel!) als auch das Beisammensein. Nein, jeder holt sich irgendwas, bestellt sich irgendwas und verschwindet in seinen Räumen, um fern zu schauen, mit der Play Station zu spielen, oder gleichzeitig hektisch Nachrichten mit dem Handy zu schreiben. Oftmals weiß man nicht mal, wie es geschmeckt oder was man da gerade seinem Verdauungstrakt überantwortet hat vor lauter Nebenbeschäftigungen.

Vergleichen Sie mal Ihre Aufmerksamkeit beim Pflegen Ihres Autos mit Ihrer Aufmerksamkeit beim Essen. Ahhhh… Dämmert es?

Als ich noch meiner Lehrtätigkeit als Dozent nachging, habe ich meine Schüler gefragt, ob sie das Grundrezept für Pudding wissen würden. Ratlosigkeit erfasste das Klassenzimmer. Grundrezept? Pudding gibt es doch schon fertig in Bechern und in Päckchen.

Doch wer jemals einen echten Pudding zubereitet und dabei gerochen hat, wie zauberhaft sich die ganze Küche von süßem Duft füllt, wer beobachtet hat, wie sich unter Umständen die berühmt berüchtigte Haut bildet (für einige eine Delikatesse), der weiß, was ich meine.

Kühe sind ja auch nicht lila – auch wenn das viele schon annehmen (dazu gab es tatsächlich mal eine Untersuchung mit entsprechendem Ergebnis), nur weil es da eine berühmte Schokolade mit gleicher Farbe gibt. Und nochmal: Es hat keiner was dagegen, wenn Sie sich dieses Schlaraffenland ab und zu mal gönnen, aber bitte machen Sie daraus keine „Alltags-Esskultur".

Wenn Sie also innerlich jammern und neidisch auf die schauen, die eben genau die Disziplin aufwenden, die notwendig ist, dieses Ziel eines leistungsfähigen, schön anzusehenden Körpers zu erreichen: Niemand, wirklich niemand hat Sie gezwungen, das Zeug kiloweise über die Jahre in sich hinein zu schaufeln. Niemand hat Ihnen Ihren Mund aufgerissen und es in Ihren Hals gestopft. Und niemand hat Ihnen Geld dafür bezahlt, den Mist auch noch runter zu schlucken.

Ich will Ihnen wieder was verraten: Vom Mund bis zum Kehlkopf schmeckt es Ihnen noch. Nach dem Schlucken tut es Ihnen dann leid. Doch dann ist es weg. Und wirkt... Ganz langsam. Schleichend. Über Jahre. Sie kaufen sich in der Zwischenzeit einfach größere und weitere Kleidung, trösten sich mit dem Blick auf XXL Kleiderwerbung und die ewig lächelnden, in Mieder gezwängten Models, um dann so ganz nebenbei auf die Farbe Schwarz zu wechseln... Ja, in Ihrem Leben ist es dunkel geworden.

Oder Sie kommen auf die wirklich dumme Idee, das alles wieder rückwärts zu essen, verätzen sich Ihre Speiseröhre und Zähne und schlimmer noch: Ihre Seele. Das ist ein Ausufern der inneren und äußeren Grenzen – ein „aus der Form kommen".

Welche Form wollen SIE haben? Und was sind Sie bereit dafür zu tun, zu geben, auch aufzugeben, um wieder in „Form" zu kommen?

Das Ziel wird im Kopf formuliert und im Bauch gefühlt. Der hat übrigens mehr als 100 Millionen Nervenzellen, die ständig sehr intensiv mit allen Körpersystemen, einschließlich den ca. 1.300 Gramm in Ihrem Kopf korrespondieren und gehörig bei Ihren Stimmungen mitreden.

Ernährung und Training, gezielte Körperübungen und Arbeit und Fleiß führen hier zum Erfolg - und keine Modediäten. Ein Wandel der inneren Einstellung ist hier erforderlich. Sie benötigen Informationen, um Ihr Ziel zu formulieren und zu erreichen und immer wieder ist Fleiß, Fleiß, Fleiß angesagt...

Verlassen Sie sich darauf, wenn Sie wieder „in Form" sind, dann können Sie Ihr Leben auch wieder neu „formulieren", neue Glaubenssätze manifestieren und diese dann mit neuem Image auch leben – im Inneren wie im Äußeren.

Glauben Sie nicht diesen Schwachsinn über Wunderdiäten, den man Ihnen erzählt. Die wollen alle nur Ihr Geld (von dem haben Sie ja schon so viel, oder?) Also werfen Sie es nicht zum Fenster raus. Es ist einfacher als Sie denken.

Vergessen Sie Ihre schwarzen Elasthanleggins und die weiten Hemden, die Sie in der Hoffnung tragen, es falle niemandem auf, was Sie da zu verstecken versuchen.

Spätestens abends beim Auskleiden müssen Sie doch wieder Farbe bekennen. Sie können dann auch das Licht wieder anlassen beim… Sie wissen schon... ;-). Sie können nicht vorgeben, Honig zu sein, wenn Sie eine Bratwurst sind.

Und bitte... Verschonen Sie mich mit dem Argument, keine Zeit zu haben. Nicht in der heutigen Zeit. Wenn Sie keine Zeit haben, dann ist es Ihnen nicht wichtig genug. Basta, Schluss, Aus, Ende, Fertig!

„Wo ein Wille, da ein Weg!" (Sprichwort)

Schon vergessen?

Mittlerweile gilt jeder zweite Deutsche als übergewichtig. Und wenn ich mich so umsehe, betrifft das tatsächlich und leider jede Altersklasse. Gehören Sie dazu?

Wagen Sie ein Experiment:

Seien Sie mutig und entkleiden Sie sich und stellen sich vor einen Spiegel in dem Sie sich ganz sehen können. Schweigen Sie und betrachten Sie sich 1 Minute lang. Konzentrieren Sie sich ganz auf das, was Sie sehen. Lassen Sie sich durch keinen Gedanken davon ablenken. Und nun seien Sie ehrlich: Auch wenn es jetzt vielleicht anfängt, weh zu tun...gefällt Ihnen das, was Sie sehen? Fühlt es sich gut an, was Sie im Spiegel sehen? Wollen Sie wirklich so aussehen? (Wenn es für Sie in Ordnung ist, hat sich die Übung erledigt. Diabetes, Bluthochdruck und andere Stoffwechselkrankheiten werden vermutlich Ihre nächsten Gäste sein. Aber jammern und wehklagen Sie dann nicht. Nehmen Sie's wenigstens jetzt sportlich wenn Ihre „Gäste" sich bei Ihnen gesundheitlich einschränkend bemerkbar machen.) Übrigens: das ist nicht nur Ihr Spiegelbild, das sind SIE!

Der Megatipp:

Sie wollen die ultimative Diät? Die beste, wirksamste, intensivste, aufrüttelnste, ehrlichste, krasseste und gleichzeitig die einfachste, am leichtesten zu praktizierende Diät?

Sind Sie bereit für dieses Geheimnis? Ja?

Okay, ich lasse es Sie wissen... Aber bitte nicht weitersagen. Sie wollen doch ganz allein in diesen Genuss kommen, oder? Das Geheimnis ist...

...Essen Sie vor dem Spiegel, und zwar NACKT! (Ich meine das wirklich ernst!)

Sie haben Bilder davon im Kopf? Gut... Wenigstens etwas.

Das ist ein sehr wichtiger und sehr entscheidender Schritt.

Herzlichen Glückwunsch!

Sind Sie jetzt so richtig sauer oder gar böse?

Gut so... weiterlesen...

Zwischenspiel

Sind Sie ein Narr?

Dazu eine kleine Geschichte aus der Psychiatrie:

Im 19.Jahrhundert war es in Frankreich üblich, die Narren und Irren sonntags in der Psychiatrie wie in einem Zoo zu besuchen. Ströme von Menschen wanderten durch die Einrichtungen und besahen oder bestaunten die ihnen dargebotenen armen Seelen mit ihren Krankheitsbildern und dem ent-  sprechenden Verhalten.

Stellen Sie sich mal vor: Sie, hinter Gittern, werden belächelt und begafft von einem Strom von Menschen, die an Ihnen vorbeischlendern – Sie mitleidig ansehen, auslachen und sich ob ihrer Lage amüsieren.

Unvorstellbar? Genau das passiert gerade in Ihrem Leben.

Was glauben Sie, wer Sie gerade jetzt in Ihrem Leben genauso „besichtigt"? Und sich amüsiert, dass Sie es einfach nicht „gebacken" kriegen?

Sie glauben mir nicht? Betrachten nicht auch Sie Ihre Mitmenschen? Zum Beispiel am Strand? Beim Einkaufen? In anderen Alltagssituationen? Lästern nicht auch Sie über skurrile Zeitgenossen und andere auffällige Menschen?

Na sehen Sie. Also doch.

Und was meinen Sie, wer am lautesten über Sie lacht? Sie wissen es nicht? Na ist doch ganz klar:

Die Nahrungsmittelindustrie, die einen Haufen Geld mit dem Mist verdient, den Sie sich in Ihrer Unbedarftheit und gutgläubigen Dummheit in Ihren Leib schieben.

Die Ärzte und die Pharmaindustrie, die sich dann an Ihrem Leiden und an Ihren Krankheiten frech mit einem süffisanten Grinsen im Gesicht bereichern und nur darauf warten, dass Sie neben all dem Unrat, den Sie sowieso schon schlucken, nun auch noch eine Vielzahl an Tabletten und anderer „Medizin" in sich hineinstopfen. Ich wage eine These: Nichts liegt ihnen ferner, als Ihre Gesundheit, denn diese Damen und Herren verdienen ja an Ihren Krankheiten und nicht an Ihrer Gesundheit! Um es noch einmal klar zu sagen: Die moderne Medizin kümmert sich um Ihre Krankheiten, davon lebt sie. Um Ihre Gesundheit müssen Sie sich schon selber kümmern, davon leben SIE!

Die Liste ließe sich beliebig fortsetzen.

Gedanke 12 von ... Universität des Alltags. - Oder: Castingshow im Zug

Studieren Sie Menschen? Haben Sie sich schon mal dabei erwischt, dass Sie andere Menschen beobachten? Im Bus, in der Bahn, im Flugzeug, am Strand, in be-  stimmten Situationen? Es gibt so viele Orte an denen Sie das tun können und selbst im TV erfreuen sich diese Sendungen à la Pleiten, Pech und Pannen („Versteckte Kamera" und ähnliche Formate) größter Beliebtheit.

Ich habe das immer gern getan, allerdings nicht ohne mir die ein oder andere Fragestellung zum Auftrag zu machen. Das fing schon sehr früh an, als ich noch als Kind und später als kleiner Junge mit meiner Mutter am Strand während unseres obligatorischen Urlaubs an der Ostsee saß und wir dort die Menschen beobachtet haben. Wir haben uns immer versucht vorzustellen, was der ein oder andere wohl von Beruf sein könnte – wohl wissend, dass wir niemals darauf eine wirkliche Antwort erhalten würden. Na ja, wir hätten ja auch die dann sicher verdutzten Personen fragen können, wenn wir hätten wissen wollen, welche Tätigkeit diese Menschen in ihrem Leben außerhalb von Badehose und Bikini ausüben.

Es ist übrigens eine tolle Übung sich vorzustellen, was Menschen wohl beruflich machen, wenn sie kleidungstechnisch so reduziert sind.

In gewisser Weise arbeiten Sie dann wie ein Regisseur, der eine Rolle, einen Charakter besetzen will.

Viel später kamen dann andere Fragestellungen dazu, wie z.B., welche Rolle diese Person in einem Film spielen könnte, oder was man wohl (angesichts Kleidung, Schuhe, Schmuck, Haarschnitt) glaubt, wie die innere Einstellung einer Person gelagert zu sein scheint.

Selbst politische Gesinnungen oder bestimmte Lebenseinstellungen lassen sich so doch recht zielsicher eingrenzen.

Mentalmagier arbeiten nach einem solchen Prinzip, das man als „Cold Reading" bezeichnet, allerdings ist dieses wesentlich umfangreicher und erfordert sehr viel Übung.

Mit der Zeit bekommt man ein Gespür, fühlt es sehend oder sieht es fühlend wie ich es bezeichne.

Ich mache das noch heute. Da ich beruflich viel unterwegs bin, jeden Monat viele Kilometer mit der Bahn fahre, habe ich sehr viele Möglichkeiten, diese Fähigkeiten zu trainieren und auszubauen. Es ist eine Form von Alltagspsychologie, die aber erstaunlich treffsicher ist, denn heute frage ich die entsprechenden Personen, wenn ich sie zu einem Gespräch einlade (und Sie werden kaum glauben, was Menschen alles erzählen wollen).

In der Wissenschaft gibt es unterschiedliche Ansätze.

Doch will ich Sie nicht mit der Vorstellung von verschiedenen wissenschaftlichen Persönlichkeitsmodellen langweilen.

Warum auch? Es geht viel einfacher…

Ich möchte Ihnen ein zugegebenermaßen sehr einfaches Modell anbieten, ein Konzentrat sozusagen, das nicht wirklich wissenschaftlich, aber deshalb nicht weniger real ist:

Im Laufe meines Lebens habe ich während meiner Studien und Beobachtungen und nach einer unendlichen Vielzahl von Begegnungen mit Menschen jeder Couleur, jedem Alter, jedweder Bildung und Reife...-insgesamt drei Persönlichkeitstypen extrahiert.

• Schafe

• Zäpfchen

• Bärtierchen

Einfach oder? Frech sicherlich. Aber das wissen Sie ja jetzt schon von mir.

Und nun können Sie sich über diese Klassifizierung wundern. Und ehrlicherweise werden Sie feststellen, dass auch Sie katalogisieren, nach Ihrem Modell – Sympathie – Antipathie – schön – hässlich – gebildet – ungebildet – reich – arm – dumm – intelligent – feige – mutig – schlank – fett usw.

Diese Liste ließe sich bis in die Steinzeit und zum Mond fortsetzen. Also bitte keine Vorwürfe – es handelt sich nicht um eine Diskriminierung, sondern um eine besondere Form der Vorstellung von menschlichen Eigenschaften!

Sie wollen nicht weiterlesen? OK – Buch zu und weg... Alles in Ihrem Leben wird so bleiben wie es JETZT ist.

Sie kennen sicher doch den Satz: *„Du verlässt den Tisch erst, wenn du aufgegessen hast."* - Also „auflesen" oder was nun?

Sie haben sich entschlossen, weiterzulesen? Herzlichen Glückwunsch! Mut und einen Schneid haben Sie. Ein erster Schritt sich Neuem zu nähern.

Zunächst zu den Schafen.

 Dieser Typus Mensch ist sehr weit verbreitet. Und ich wage eine kühne Prognose – irgendwie lebt in uns allen ein Schaf. Doch weiter zur Erklärung.

Menschen lassen sich sehr schnell beeinflussen. Und mit den heutigen Mitteln der Technik und Kommunikation, mit dem Wissen aus Psychologie und Werbung, den Techniken der Manipulation und der Erzeugung von Gefühlen wie Angst und Mangel, wird oft ein übles und kassenklingelndes Geschäft gemacht. Mit all dem lassen sich Politik und Meinungen betreiben, die von der Welt nicht wirklich hinterfragt werden – schon gar nicht von der Masse der Menschen. Die haben nämlich viel zu viel mit ihrem eigenen Leben (oder dem, was sie dafür halten) zu tun, als dass sie sich darum kümmerten, wie sie sonst leben könnten und sollten.

Das TV, DAS Medium schlechthin, erzeugt dieses Abbild der Welt und erlangt so die größte Glaubwürdigkeit. Egal, wo Sie sich auf dieser Welt befinden – sei es in irgendeinem Wüstenloch oder in einer Gletscherspalte in Grönland, das TV ist schon da – und berichtet.

Übrigens, ist es nicht frech und unverschämt von unseren TV-Nachrichtensprechern in den 23 Uhr Nachrichten über die Schrecken der Welt zu informieren, was mit entsprechenden filmischen Einstellungen untermalt wird, und uns dann süffisant mit einem Kunstlächeln eine „Gute Nacht" zu wünschen?

(Eine Moderatorin im deutschen TV hat es, meiner Meinung nach toll gemacht: Am Ende einer jeden Sendung tat sie einen wohltuenden Spruch: „Alles wird gut" - sie ist dafür sehr gescholten worden.)

Es wird nicht mehr hinterfragt, sondern einfach nur „gefressen", was die TV-Wiese zu bieten hat. Diese Menschen rennen diesem Abgott hinterher, übernehmen, fressen, schlucken, verdauen – engstirnig, reflexionslos, genügsam, dumm... Wie Schafe eben, die sich, ihrem Leithammel folgend, in einer Wolke von Blödheit dem Abgrund nähern und dann in den sicheren Tod stürzen, fest daran glaubend, dass sie das Wort Gottes in sich trügen und ihre Meinung natürlich gescheit und richtig sei.

Vielleicht vernimmt man noch ein lautes „Määäähhh" als letzten intonierten Ausdruck ihrer immerwährenden Hirnlosigkeit in ihrem Leben. Und dann kommt der Metzger.

Erkennen Sie diesen Typ Mensch? Ihr Nachbar, der doofe Klassenkamerad aus Ihrer Schulzeit... Oder gar SIE? Wenn nicht, super, aber nicht mogeln.

Nun zu den Zäpfchen:

Was ein Zäpfchen ist, muss ich Ihnen ja nicht erklären. Sie werden sich sicher noch lebhaft daran erinnern, wenn Ihre Mama in Ihren Kindertagen mit diesen torpedoartig geformten Dingern, an der Spitze noch ein wenig Creme oder Vaseline platziert, in Ihr Zimmer kam, um

Sie vom Fieber oder anderen Wehwehchen zu befreien oder diese zumindest zu lindern. Ich hab noch heute den Geruch einer sehr bekannten Salbe in der Nase, die mir meine Mutter immer bei Erkältungen auf die Brust gerieben hat, um dann anschließend ein warmes Tuch (auf der Herdplatte erwärmt) oder eine ebenso warme, dicke Unterhose auf die Brust zu legen. Und ebenso diese Zäpfchen, die dann sehr schnell verabreicht werden mussten, da sie ja sonst in den Fingern geschmolzen wären.

Tja, Kinderzeit... Aber genug davon...

Worum es geht ist Folgendes: Ein Zäpfchen spürt man. Genau zweimal. Beim ersten Mal spüren Sie es, wenn es eingeführt wird (jaaa... ich weiß)... Wenn Sie es nun fühlen (zeugt von einer guten Phantasie...: Glückwunsch.), spüren Sie, wie der Widerstand durch den Druck überwunden wird und dann mit einem stillen „Halleluja" ins große Dunkle verschwindet.

Das zweite Mal spüren Sie es, wenn sich das Zäpfchen entgegen jeder Absprache entschließt, sein neues Zuhause eher zu verlassen als es soll, sich selber sozusagen ausweist und sich so auf den Rückzug begibt. Na, wieder Phantasien? Hervorragend – weiter so, das ist wichtig. Sie sollten, und (nehmen Sie das als Lektion), die Dinge immer zu Ende denken und zu Ende zu bringen.

Immer!

Okay - zu Ende fantasiert? Sehr gut! Sie kennen das Ergebnis.

Und genau so ist es eben auch bei diesem Typus von Mensch. Diesen Menschen bemerkt man auch nur zweimal im Leben: Und zwar dann, wenn er in Ihr Leben kommt (und Ihnen nicht wirklich was Gutes oder Erweiterndes bringt) und dann, wenn dieser

Mensch Ihr Leben wieder verlässt – mit entsprechendem Ergebnis.

Interessanterweise haben diese Menschen tatsächlich etwas zäpfchenartiges an sich: torpedoartig kommen sie daher, bei Druck und Wärme werden sie weich und später flüssig, oftmals führen sie sich selber ein und bedienen sich dabei vaselineartiger Worte (Sie kennen diesen Menschen vielleicht unter der Bezeichnung „Schleimer" oder so).

Fähnlein im Winde eben. Ihnen begegnen Sie sehr, sehr häufig. Also Augen auf!

Meist wollen diese Menschen was von Ihnen - in der Regel Ihr Geld, Sex mit Ihnen oder Ihre Stimme bei den Wahlen.

Nun zum letzten Typus – **der Bärtierchen-Mensch.**

Kennen Sie Bärtierchen? Jene faszinierenden Überlebenskünstler? Die Tiere, die scheinbar „alles" überleben können, sogar extremste Bedingungen und Umgebungen?

Bärtierchen können tatsächlich in allen Klimazonen der Welt überleben: Sie leben im Brackwasser ebenso lebendig wie in der ozeanischen Tiefsee. Sie finden sich in tropischen Gebieten genauso wie an den Polkappen und erfreuen sich dort bester Lebenslustigkeit – soweit man das für Bärtierchen sagen kann.

Sie überleben extremste Dürreperioden und die kältesten Gletscherregionen des Hochgebirges. Sie können die verschiedensten Resistenzstadien annehmen und sogar im Vakuum des Weltalls überleben. Sie können sich in todesähnliche Zustände versetzen, um dann wie von Geisterhand geweckt wieder zu erwachen und so die härtesten Anforderungen, die unser Planet zu bieten hat, zu überstehen.

Wahnsinn oder? Und das von einem Tier das gerade mal 1,5 Millimeter groß werden kann.

Bitte schenken Sie sich die Zeit und googeln diese Wundertiere... Sie können dabei noch andere, sehr interessante Dinge finden – und dies ist ja schließlich kein Biologie Lehrbuch .

Doch die kurze und den Bärtierchen sicher nicht annähernd gerechte Schilderung ihrer erstaunlichen Fähigkeiten soll Ihnen was zeigen.

Werden SIE zu einem Bärtierchen-Mensch. Überwinden Sie alle Ihnen gestellten Hindernisse, seien sie selbst konstruiert oder Ihnen von „bösen" Menschen in den Weg gestellt worden. Überleben Sie mit gekonnter Strategie jede „Klimazone", die Ihnen das Leben bereitet. Beherrschen Sie Ihr Leben mit den von Ihnen erkannten, ausgebildeten und trainierten Fähig- und Fertigkeiten. Werden Sie „hardy". Seien Sie ein „Hardynessler".

Sie wissen nicht was das ist? Hardy sind die Menschen, die das Gefühl haben, ihr Leben in ihren Händen zu haben und es zu kontrollieren. Menschen, die sich selber immer wieder neuen, nicht unlösbaren Aufgaben stellen. Menschen, die an sich und ihre Ideen glauben und diese auch Realität werden lassen.

Werden Sie doch auch ein Bärtierchen-Mensch.

Was um Gottes Willen sollte Sie daran hindern? Nochmal: Erschießen Sie Ihren inneren Schweinehund, hängen Sie ihn für alle sichtbar (vor allem für Sie selber) am höchsten Punkt auf, den Sie kennen. Ersäufen Sie ihn im tiefsten See, graben Sie ihn in der schwersten Erde ein... Aber TUN Sie endlich was.

Kann doch wohl nicht so schwer sein oder?

Kleine Visualisierung Ihres Schweinehundes:

Bitte lehnen Sie sich ganz entspannt zurück. Atmen Sie ganz ruhig und regelmäßig und spüren Sie, wie Sie bei jedem Ausatmen mehr loslassen können.

Stellen Sie sich vor, Sie kommen nach einem arbeitsreichen Tag heim. Sie schließen Ihre Wohnungstür auf. Abgespannt treten Sie in Ihren Flur. Ihre Taschen vom Einkaufen sind schwer und sie ziehen an Ihren Schultern. Der Kopf schmerzt. Sie hören schon im Flur ein lautes TV mit einer Dokusoap. Als Sie an der Küche vorbei gehen, bemerken Sie einen Stapel Geschirr mit fest gebackenen Essensresten, der eigentlich schon längst gespült hätte werden sollen. Auch die Staubmäuse vor Ihren Füssen sind noch da.

Sie gehen ins Wohnzimmer – dort sitzt er: IHR innerer Schweinehund auf Ihrem Sofa – feist und fett mit Fett beflecktem, löchrigem Unterhemd. Breitbeinig, mit offener Hose, da der Bund den überquellenden Pizzaburgerbauch nicht mehr halten kann. Ihr Schweinehund trägt keine Schuhe. Die stehen dampfend neben einem halbleer gegessenen Chipsbeutel, der offensichtlich von Bier getränkt auf Ihrem Teppich liegt und dort manchem Getier zur Nahrung wird.

Überall stehen und liegen leere und halbleere Bier – und Energiedrinkdosen und verbreiten einen leicht schimmeligen Geruch.

Grunzend murmelt er etwas vor sich hin und stopft gleichzeitig etwas undefinierbares, eine schwabbelige, farbige Masse in sich hinein. Sabbernd versucht er die viel zu große Menge dieses sehr künstlich aussehenden Zeugs in seinen zahnlosen Mund durch seine wulstigen und aufgesprungenen Lippen zu schieben. Zäh tropft etwas in allen Farben schimmernd aus seinen Mundwinkeln und er wischt sich seine Wurstfinger an Hemd und Hose ab, um gleich mit seiner rot geschwollenen und aufgeplatzten Zunge seine von gelblichem, schaumigen Speichel beklebten Mundwinkel abzulecken.

Das Sofa ist mittlerweile durchgesessen und gibt Gerüche von sich, die mehr zu einer Kläranlage passen als zu einem Wohnzimmer. Die schweißigen Socken hat er ausgezogen und sichtbar werden fette, unförmige Füße mit Zehen, die an saure Gurken mit Senf erinnern. Lange, mit Pilz befallene, eingerissene Holznägel und dicker, gelblich eingefärbter Hornhaut vervollständigen das Bild.

Rülpsend gibt er Ihnen die nächsten Anweisungen zum Nichtstun und seine haarigen, pickeligen und speckigen Arme unterstreichen seinen festen Willen, Sie diese auch auszuführen zu lassen.

Die ganze Szenerie wird beherrscht von Unordnung, alten Speiseresten, dem lauten Flachbildschirm und diesem stinkenden Etwas in IHREM Wohnzimmer.

Jan Hoffmann

Wollen Sie noch mehr zum Visualisieren?

Oder schmeißen Sie dieses Etwas JETZT aus IHREM Haus?

„Egal wie langsam du voran kommst… Du bist immer noch schneller als alle anderen, die es sich auf der Couch und ihrer faulen Haut gemütlich gemacht haben." (unbekannt)

Gedanke 13 von ... Meteorologie - Oder die Kunst „Gut Wetter" zu machen

Ich habe mich oft gefragt, wie es wäre, das Wetter beeinflussen zu können. Gerade, wenn man einen schönen Ausflug plant, ein Gartenfest oder seinen Urlaub, wäre das doch ideal.

Nichts ist schlimmer als ein verregneter Urlaub, wenn man ein Sonnenanbeter ist. Nichts ist schlimmer als stürmischer Tag, der eigentlich für einen lustigen Biergartenbesuch bei einer Maß Bier und einer bayerischen Jausen mit Blasmusik und guter Stimmung vorgesehen war.

So stellen Sie sich einmal vor, Sie könnten Petrus, den „Wettermacher" spielen. Ihr eigenes Wetter kreieren und den Wetterverlauf der Jahreszeiten bestimmen.

Was würden Sie wählen?

Sie mögen den Frühling, wenn die Natur wieder aus ihrem Schlaf erwacht (sollten Sie auch mal versuchen) und Ihr Warten auf diese Zeit mit einer prächtigen Blütenpracht und wunderschönem Vogelgesang belohnt wird?

Oder doch den Sommer, der Sie mit seinen warmen Temperaturen an die Seen und ans Meer und in die eben genannten Biergärten treibt?

Vielleicht ja doch lieber den Herbst mit seinen vielfältigen Farben, die Sie zu einem schönen Spaziergang verführen möchte und Sie mit kindlicher Freude das Laub unter Ihren Füssen aufwühlen lässt.

Könnte ja auch sein, dass Sie dem Winter Ihr Herz geschenkt haben, der Ihnen mit seiner klaren Luft und dem, unter Ihren Stiefeln knarrenden Schnee viel Freude schenkt (wenn nicht gerade die Erderwärmung zu Gast ist).

Vermutlich mögen Sie jede Jahreszeit, denn alle haben ihren ganz speziellen Charme und Reiz.

Doch eines ist sicher: Sie wollen keinen kalten Frühling ohne blühende Bäume, auch keinen verregneten Sommer, sicher keinen nebligen und trüben Herbst, der Ihnen die Kälte in die Knochen treibt und auch keinen Winter, der schmutzig, windig und regnerisch ist und sich eben nicht in einem weißen Kleid zeigt.

Also liebe Lebensmeteorologen: **Wie soll das Wetter Ihres Lebens sein?** Fangen Sie mal an und **zeichnen IHRE Wetterkarte.** Merken Sie was?

Dazu eine kleine und schon sehr alte Geschichte:

Der Bauer als Wettermacher

„Gott kann alles. Nur eins kann er nicht: Das Wetter so lenken, dass es dem Bauern recht ist."

Da lebte einmal ein Neunmalkluger, der prahlte, man möge ihm nur einen Sommer lang die himmlische Herrschaft überlassen, und er würde eine Ernte aus der Erde zaubern wie sie sonst nur in den sieben fetten Jahren zu Ägypten gesehen wurde. Und dem Herrgott seinem Knecht

Petrus würde er es einmal zeigen, wann man den Schnee über das Dorf legen und wann man die Felder wärmen und feuchten solle. Unser Herrgott aber hatte feine Ohren, er hörte diese hochmütige Rede und nahm sich vor, der stolze Prahler drunten solle seinen Willen haben.

Und am selben Tag noch klopfte einer mit einem langen krummen Stecken an das Tor des Bauern, der machte auf und sah einen Pilgersmann mit breitem Feuerbart und einem goldenen Ring um den Kopf, und der Pilger war der heilige Petrus.

"Veitel", sagte er, "wie möchtest du morgen das Wetter haben?" Und der Veitel blähte sich und sagte: "Das Korn soll schießen. Drum lass es fein regnen, Petrus, Tröpflein um Tröpflein, eins nach dem anderen, nicht zu hastig und hübsch langsam und ausgiebig. Und warm!"

"Gut", sagte Sankt Petrus, und er schickte eine graue Wolke aus und ließ lau und nicht zu heftig das Wasser daraus rieseln.

Am Abend danach fragte er wieder beim Veitel an: "Und wie möchtest du es morgen haben?" -"Morgen?", sagte der Veitel. "Morgen lass die Sonne scheinen! Das Korn will es warm haben. Feucht und warm soll der Erdgrund sein, dann trinken die Würzlein doppelt so gern. Und mittags kannst du dreimal den Donner schlagen lassen. Aber ja nicht öfter!" - "Gut", sagte Sankt Petrus, und er hängte die Sonne aus und rüttelte zu Mittag dreimal den Donner und nicht öfter.

Und so hatte er Tag für Tag bei dem Veitel angeklopft, und der hatte das Wetter bestimmt und Sonne und Regen nach Herzenslust wechseln lassen, und die Saat ist wunderschön aufgegangen, und das Korn hat in Fülle geblüht und ist langsam golden geworden.

Der Veitel hatte geschmunzelt: "Freilich stünde es besser um die Welt, wenn der Herrgott von uns Bauern manchmal einen guten Rat annähme!" Aber als sie später das goldene Korn schnitten - potztausend - da riss der Veitel die Augen auf; denn in den tausend und abertausend Halmen steckte kein einziges Körnchen. Nur Stroh hatten sie geschnit-

ten, leeres Stroh! Und als am Feierabend der Sankt Petrus wieder am Zaun vorüberging, schrie der Veitel ihm nach: "Jetzt sag mir, warum das Korn missraten ist! Hast du es verhext?" Der Heilige strich sich den Bart: "Eines hast du vergessen, Veitel. Du hast den Wind nicht wehen lassen. Darum ist keine Frucht geworden."

Da schrie der Veitel voller Zorn: "Das hättest du mir auch zur rechten Zeit sagen können!" Der heilige Petrus aber lachte: "Ja, wer darf denn einem Bauern etwas dreinreden!" Und er hatte den Stecken weitergesetzt. Seit der Zeit hatte der Veitel nicht mehr übers Wetter gesprochen und war zufrieden damit, wie es unser Herrgott gemacht hatte." (Hans Watzlik)

Zugegeben – das Wetter oder eben das Leben so zu gestalten, dass es gelingt, Früchte trägt, ist nicht so ganz einfach – es will gut überlegt sein und alle Zutaten sollten stimmen. Klar.

Drum: Lassen Sie mal wieder frischen Wind in Ihr dürres, lahmes und stickiges Leben – Sie lüften ja auch Ihre Wohnung – oder?

Sie werden sehen, mit „frischem Wind" kommen neue Ideen, neuer Mut, neue Motivation, neue Perspektiven und so ein neuer Anfang. Der erste Tag in Ihrem neuen Leben.

Nutzen Sie bestes Saatgut für Ihr Leben und nicht so eine verpanschte Plörre, wie Sie Ihnen durch die hirnschwachen Medien als Bildung verkauft wird. Selbst unsere sogenannten Schulen kommen ihrem Bildungsauftrag nur noch mehr ungenügend nach. Warum gibt es sonst so viele Nachhilfeinstitute? Was Sie säen, ernten Sie nämlich.

Überlassen Sie also nichts dem Zufall (den es ja bekanntlich nicht gibt), sondern werden Sie zum **Bauer Ihres Lebens**, wählen Sie was Sie ernten wollen, sammeln Sie Wissen über das was Sie tun wollen, dann säen Sie und hegen und pflegen Ihre Saat... Und dann kommt der Tag der reichen Ernte. Geben Sie den Dingen auch ihre Zeit zum Wachsen – werden Sie nicht wie der Bauer, der des nachts auf die Felder geht und an den Halmen zieht, in der Hoffnung, es würde dann schneller wachsen. Lassen Sie die Dinge gedeihen. Aber bleiben Sie am Ball.

Gedanke 14 von ... Biologie - Oder: Lebt Geld?

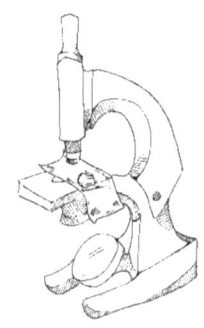 **D**ie Frage, ob Geld ein lebender Organismus ist, beschäftigt mich schon sehr lange und besonders von dem Moment an, in dem ich beschlossen habe, „nach oben" zu kommen und dann eine Menge davon einzusammeln.

Immer wieder ist zu hören, dass Geld nur Papier oder Metall sei und in Wirklichkeit nicht einmal den Wert des Papiers hätte, auf dem es gedruckt wurde. Doch betrachten wir nicht auch oft niedere Lebensformen in einer ähnlichen Weise; und wie gehen wir dann mit ihnen um?

Selbst der berühmte deutsche Kupferpfennig soll einen höheren Materialwert gehabt haben als der gepresste Pfennig.

Tatsächlich nimmt Geld heute verschiedenste Daseinsformen an - Papierscheine, Metallmünzen, Dokumente, Bitcoins als virtuelle Währung oder auch die Jetons in Spielkasinos, die eine Stellvertreterrolle für Geld haben und beliebig austauschbar sind.

Geld tritt demnach in den unterschiedlichsten Formen, Farben und Materialien auf oder sogar unsichtbar, als virtuelle Währung: Digitalisiertes Geld, Zahlen auf einem Desktop oder einer virtuellen Wand in der Börse.

Die nächste Frage, die ich mir stellte, war folgende: Warum haben einige Menschen so viel davon und der größte Teil der Menschheit, mich eingeschlossen, oftmals so viel weniger?

Hat Geld etwa ein Bewusstsein und somit eine Vorliebe für besondere Menschen oder Verhältnisse?

Findet es dort ein schöneres Zuhause, einen fruchtbareren Platz zum Wohlfühlen und zur Vermehrung? Einen Platz wo es sich fett breitmacht und auch gut gedüngt wird?

Doch die letzte und sicher auch alles entscheidende Frage war doch die, wie ich dafür sorgen kann, dass das Geld auch zu mir kommt und bleibt, sich vermehrt, sich breitmacht, auch wenn ich es ausgebe?

Kann ich was von denen lernen, die mehr Geld haben? Gibt es einen Trick, ein Geheimnis oder gar eine Ideologie?

Doch zurück zur ersten Frage:

Ist Geld ein lebender Organismus? Womöglich mit sozialen Eigenschaften?

Wo könnte ich eine Lösung für diese Frage finden?

Ich fand sie: Ich erinnerte mich an meinen alten Biologielehrer, der uns im Rahmen unseres Biologieunterrichtes in den ersten Stunden beibrachte, wie Leben biologisch und wissenschaftlich definiert wird.

Also alles ganz streng wissenschaftlich eben.

Lachen Sie jetzt besser nicht und hören Sie gut zu!

Denn hier kommt eine neue Betrachtung des Organismus „Geld"!

Ich hole etwas aus:

Die Biologie unterscheidet fünf Merkmale des Lebendigen. Also fünf Eigenschaften müssen gegeben sein, wenn man etwas als lebendig bezeichnen will:

1. Reizbarkeit

2. Stoffwechsel

3. Fortpflanzung

4. Wachstum/Entwicklung

5. Bewegung

1.Reizbarkeit

Alles Lebendige kann also Informationen aus seiner Umwelt wahrnehmen, aufnehmen und darauf reagieren.

Geld auch?

Der Geldmarkt lebt von Informationen, auch geheimen Informationen über gute und schlechte Anlagen, von Tagesgeldgeschäften, Wirtschaftsdaten, Weltpreise für Rohstoffe und Aktiengeschäften – und von Psychologie (hat Geld etwa auch eine Seele, ein Unbewusstes?).

Die Börse, also das Zuhause des Geldes oder auch der Körper des Geldes, in dem es sich bewegt, nimmt als Organismus ständig diese Reize, Strömungen und Stimmungen auf, ständig - 24 Stunden am Tag und überall auf der Welt. Dabei reagiert es entsprechend stabil oder sehr empfindlich, mimosengleich.

Fragen Sie mal einen Broker, der schnelle Millionen verdienen und diese auch in Sekundenbruchteilen verlieren kann. Na wenn das nicht eine Reizverarbeitung ist...

2. Stoffwechsel

Als Stoffwechsel bezeichnet man alle Vorgänge, die zum Aufbau und der Aufrechterhaltung des Organismus dienen.

Wie soll das denn beim Geld funktionieren? Sie glauben es nicht?

Abwarten und Lesen - so ist's brav.

Geld ist da, wo es sich „wohlfühlt". Dort arbeitet es für den Besitzer und erhält sich somit selber.

Wird dieser „Geldkreislauf" unterbrochen (im schlimmsten Fall durch einen Börsencrash), fällt dieser komplexe Organismus in sich zusammen. Im schlimmsten Fall stirbt er - und Sie gehen Pleite.

3. Fortpflanzung

Dazu muss ich ja nicht viel erklären. Geld kann sich vermehren (nein, nicht durch Geschlechtsverkehr zwischen zwei lebenden Organismen, sondern - schon vergessen? - auch durch ungeschlechtliche Vermehrung ist eine Vermehrung möglich).

Geld kann das eben aus sich selbst heraus. Und es kann dabei eine bedeutende Größe annehmen. Es wächst durchaus sehr schnell – vielleicht so schnell, dass Sie nie wieder arm werden können. Wenn Sie es richtig machen.

4. Wachstum und Entwicklung

Geld will, wie eine Pflanze, durch einen guten und kenntnisreichen Gärtner gehegt und gepflegt werden, damit sie besonders gut wächst und gedeiht.

Ein gerissener und kenntnisreicher Börsenmakler, ein guter Banker, oder eben ein reicher Mann mit einem „Kaufmannsgen", wird sicher vor allem eine große Ernte einfahren, wenn er über einen grünen (Geld-)Daumen verfügt. Er wird seinem Geld die Umgebung und Pflege verschaffen, die es braucht, um besonders gut zu wachsen und sich zu entwickeln. Zum Beispiel durch verschiedenste Anlageformen und Strategien zur Geldvermehrung.

5. Bewegung

Geld besitzt tatsächlich die Möglichkeit sich zu bewegen. Es muss und wird sogar bewegt, da es im „Fluss" bleiben muss. Stockt dieser Prozess des Geldverkehrs oder kommt er zum Erliegen, stirbt die Bewegung und es kommt nach heftigen „Erschütterungen" zum Tod. Beim Geld nennt man das dann Inflation.

Dies ist eine zugegebener Maßen einfache, aber wie ich finde, doch sehr treffende Betrachtung von Geld, und sogar eine mit wissenschaftlichem Anspruch (geben Sie es doch zu - auch Sie vertrauen doch der Wissenschaft in einem hohen Maß), zumindest aber mit einer wissenschaftlichen Legitimation.

Vielleicht sehen Sie Ihr Geld nun mit etwas anderen Augen. Nicht nur als Zahlungsmittel, das man gezwungener Maßen ausgibt oder auch nicht oder als etwas, von dem man meistens nicht genug hat, sodass das Fehlen des Geldes zu heftigen Gemütsreaktionen führen kann.

Kein lebloses Ding, das sein Dasein zusammengeknüllt in einer Hosentasche fristen muss (wie lange bei mir), Münzen, die als Wechselgeld ihre Heimat nicht in einer Spardose finden, sondern irgendwo bei Ihnen auf dem Tisch oder einem kleinen Unterteller deponiert werden – lose, ohne Halt, ohne Geldbörse.

Wie gesagt, bis vor kurzem war es bei mir auch so. Trotz der vielen Geldbörsen, die ich im Laufe meines Lebens geschenkt bekommen habe, war das Zuhause meines Geldes meine Hosentasche - lose, wenig beachtet, verloren und zerknittert. Ungeordnet fristeten die Scheine und auch das Münzgeld ein offensichtlich klägliches Dasein.

Kein Wunder, dass keine Verwandten, sprich, neues Geld, zu Besuch kam, geschweige denn blieb und mehr daraus wurde.

Geld will offensichtlich eingeladen werden wie ein lieber Besuch. Fühlt sich der Besuch unwohl, dann kommt er sehr ungern und bleibt eines Tages weg. Tasche leer, keine Kohle.

Was will ich Ihnen deutlich machen?

Welche Geisteshaltung haben Sie Ihrem Geld gegenüber? Wie betrachten Sie die Dinge, hier das Geld? Welchen Wert haben die Dinge, worauf legen Sie Ihren Fokus?

Wenn Geld für Sie wichtig sein soll, dann sollten Sie Ihren Fokus verändern. Fragen Sie sich, was Geld für Sie persönlich ist, was es Ihnen bedeutet, was es Ihnen ermöglicht (oder ermöglichen könnte).

Sehen Sie Ihren Mangel daran oder die Möglichkeit der Fülle?

Und dann denken Sie darüber ernsthaft nach, was SIE dazu beitragen können, dass Geld gern zu Ihnen kommt, sich bei Ihnen wohlfühlt, bleibt, wächst und sich vermehrt und Ihnen natürlich auch ein gutes (und sicheres) Gefühl gibt.

Doch darüber hinaus liegt die wirkliche Kraft und die höchste Macht des Geldes in einer Fähigkeit – Geld kann uns Freiheit schenken – je nach Menge, viel Freiheit oder etwas weniger.

Das entscheiden SIE.

Werden Sie also der Gärtner ihres Geldes, der Bauer Ihres Vermögens.

Betrachten Sie es als lebendigen Organismus, der geliebt und willkommen sein will, und Ihre Ernte wird reich sein. Betrachten Sie Ihr Geld nicht nur in der Form einer Kreditkarte, sondern genießen Sie das warme Gefühl der Geldscheine in Ihren Fingern, das Klingen der Münzen in Ihren Ohren und das hartgepresste Metall in Ihren Händen. Kleiner Tipp für Ihr Bewusstsein und zum Sparen: Was denken Sie? Ist es leichter, einen Schein anzubrechen und aus Ihrer Hand zu geben, oder mit einer seelenlosen Plastikkarte zu zahlen?

Übrigens: Ich habe mir eine Geldbörse gekauft - ein Anfang.

Zwischenspiel, das Zweite

Es liegt in deiner Hand

Es war einmal ein weiser Mann, der immer zur rechten Zeit die richtigen Ratschläge gab. Darum wurde er auch viel befragt und genoss großes Ansehen bei der Bevölkerung. Dies ärgerte die Oberen des Landes sehr. Und sie überlegten, wie sie dem weisen Mann eine Falle stellen könnten.

Nach langem Überlegen hatten sie eine Idee: Einer der ihren sollte mit einer Maus in der geschlossenen Hand vor den weisen Mann treten und ihn fragen, was er in dieser Hand verberge. Sollte wider Erwarten der weise Mann erraten, dass es eine Maus ist, so könnte der weise Mann durch die Zusatzfrage: „Ist das, was sich in der Hand befindet, lebendig oder tot?" bloßgestellt werden. Lautete seine Antwort „tot", würde die Hand geöffnet und die lebende Maus präsentiert. Lautete die Antwort „lebendig", könnte die Maus durch schnelles Zudrücken der Hand getötet werden.

So vorbereitet gingen die Oberen also zu dem weisen Mann und fragten ihn: „Sag uns doch, was ist in meiner Hand?" Der weise Mann antwortete ohne lange zu überlegen: „Das kann nur eine Maus sein."

Darauf fragten sie ihn: „Ist das in meiner Hand lebendig oder tot?" Darauf antwortete der weise Mann: „Ob das, was in eurer Hand liegt, lebt oder tot ist, liegt allein in eurer Hand."

Gedanke 15 von ... Oh du hohe Unternehmenskultur, wohin bist du entschwunden? - Oder: Leit- oder LEIDbilder?

Leitbilder sind in der heutigen Zeit weit verbreitet. Die meisten Unternehmen schmücken sich damit – schmücken deshalb, weil viele Unternehmen die heroischen Texte oft leider nur auf dem Papier haben und nicht als Geist ihrer Unternehmenskultur auch lebendig werden lassen. Dazu wüsste ich einige Geschichten und Sie sicher auch.

Und so wird ein Leitbild sehr schnell zum Leidbild.

(Fragen Sie mal Bewerber, die nicht einmal eine Antwort auf ihre Bewerbung erhalten... das nenne ich „Professionalität")

Aber was ist ein Leitbild und wozu dient es genau?

Leitbilder präsentieren ein Unternehmen nach innen und nach außen. In Leitbildern findet man Unternehmenswerte manifestiert – das, worauf im Unternehmen Wert gelegt wird; man muss sich immer fragen, welcher Wertekatalog vorliegt, der die Grundlage für Handlungsrichtlinien bildet. Welche Unternehmenskultur wird gelebt? Auf welcher Basis steht der Orientierungsrahmen für Mitarbeiter und auch für Führungskräfte, der sich dann in Handlungen und Entscheidungen wiederfindet und so zu einer Art Verhaltenskodex wird?

Leitbilder dienen demnach zur Identifikation und sind sozusagen eine Art Visitenkarte, die für jedermann sichtbar ist.

Wie erstellen Unternehmen ein Leitbild?

Oftmals wird eine externe Agentur beauftragt, die so einen professionellen Auftritt erstellt.

Aber es gibt auch eine andere Variante: Der Inhaber selbst entwickelt, vielleicht in Zusammenarbeit mit der Führungsebene, ein Leitbild.

Vollständiger wird ein Unternehmensleitbild, wenn auch die Mitarbeiter oder eine Vertretergruppe in die Erstellung mit eingeschlossen werden. Das ist meiner Meinung nach die beste Variante, ergibt sich daraus nämlich die höchste Akzeptanz und Identifikation aller im Unternehmen tätigen Personen.

Ein Unternehmen braucht somit ein Leitmotto – etwas, was die Sache auf den Punkt bringt, gleich einem Werbeslogan und ebenfalls sehr einprägsam.

Das Leitmotiv sollte in wenigen kompakten Sätzen zusammengefasst werden und eine generelle Richtung wiedergeben.

Leitbilder müssen, wenn sie wirksam werden sollen, auch gelebt werden. Das ist das A und O, ansonsten, vergessen Sie alle Leitbilder dieser Welt. Humbug, auf Wasser geschrieben, für die Mülltonne (bauen Sie ein Schiffchen draus und nennen Sie es „Titanic").

Jeder Mitarbeiter muss zu jeder Zeit Zugriff darauf haben. Auch ist es notwendig, beständig darauf hinzuweisen, es wieder und wieder zu verinnerlichen. Leitbilder sollen verbal und nicht verbal kommuniziert und vor allem gelebt werden, um so ihre Eindringlichkeit zu verstärken und zu festigen.

Mittlerweile scheinen viele Unternehmen diesbezüglich wach geworden zu sein. Investieren sie doch in die betriebliche Gesundheitsförderung viel Geld, um die gesundheitlichen Schäden ihrer Mitarbeiter geringer zu halten.

So – das war ein kleiner Ausflug in die Unternehmenskultur. Doch was hat das alles mit Ihnen zu tun?

Sie sind doch gar kein Unternehmer – oder doch?

Nachdenken, scharf nachdenken.

Ja, Sie sind IHR Unternehmer!

Sie sind ihr eigenes Unternehmen mit allem was dazugehört. Sie sind nicht nur Ihr eigener Boss, sondern darüber hinaus auch Ihr eigener Mitarbeiter, Ihr eigener Betriebsrat (falls Sie so etwas wirklich brauchen), Sie sind Ihr eigener Investor, Ihre eigene Werbeagentur, Ihre eigene Innenrevision, Ihr eigener Personalrat, Ihre eigene Marketingabteilung, Ihre eigene Postabteilung, Ihr eigener Versand... Eben alles, was Sie für ein Unternehmen brauchen.

Sie sind sogar Ihr eigenes Büro, Ihre eigene Unternehmensadresse, eigene Kantine... Alles eben.

SIE SIND EIN UNTERNEHMEN!

Und nun frage ich SIE?

- WO IST IHR LEITBILD?

- WO KANN ICH ES LESEN?

- WO IST IHRE UNTERNEHMENSKULTUR? WIE WIRD SIE SICHTBAR, ALSO GELEBT?

- WAS SIND IHRE SELBSTVERPFLICHTUNGEN?

- WELCHE WERTE VERTRETEN SIE?

- IN WELCHEM ORIENTIERUNGSRAHMEN BEWEGEN SIE SICH?

- WAS GIBT IHNEN HANDLUNGSSICHERHEIT?

- WAS SIND IHRE UNTERNEHMENSZIELE?

- WOVON LASSEN SIE SICH „LEITEN"?

Tja, und nun?

Melden Sie gleich Konkurs an oder holen Sie sich frischen Wind in Ihr Unternehmen. Wie heißt es doch gleich?

_____ (hier sollte Ihr Name stehen)

Was Sie brauchen ist Ihr „persönliches" Leitbild, denn wie Sie nun erfahren haben, sind Sie ihr eigener Unternehmer.

Sie müssen also ein Bild von sich selbst erstellen, das Sie in Ihren Handlungen und Entscheidungen und auch in Ihrem Auftritt nach außen hin „leiten" soll.

Eine Handlungsmaxime, die Sie ausrichtet und Ihre ganz persönlichen Werte und angestrebten Ziele beinhaltet und somit zu Ihrem Lebensplan wird.

Mit Hilfe dieses Instrumentes produzieren Sie IHREN Sinn IHRES Lebens und es hilft Ihnen, Ihr Selbstbewusstsein du definieren.

Sie brauchen also einen Plan – ja, **EINEN** PLAN: **PLAN A**, nicht Plan B.

Denn wenn Sie noch etwas in der Hinterhand haben, dann wird sich Ihre Energie von Anfang an nicht nur auf Plan A konzentrieren, denn Sie haben ja im Falle eines Scheiterns noch ein Ass im Ärmel.

Glauben Sie mir: So lang ist kein Hemdsärmel – auch der Ihre nicht.

Konzentrieren Sie sich also auf EINEN Plan. Dieser Plan wird zu Ihrem **Leuchtturm**, der Ihnen den Weg weist und Ihnen die Richtung zeigt, Ihren Heimathafen auch bei hoher See zu erreichen.

Imagination „Steuermann"

Sie stehen am Steuer eines riesigen, weißen Segelschiffes.

Der Wind bläst in die großen, weit aufgespannten Segel. Er treibt das Schiff an, das Sie steuern: Ihr Schiff ist es, das er sicher und sanft durch das kristallklare Wasser geleitet.

Es beginnt langsam zu dämmern, aber dennoch spiegeln sich die letzten warmen Sonnenstrahlen im Meer und lassen es funkeln wie einen Kristall.

Am Horizont entdecken Sie einen Leuchtturm, der seinen Lichtstrahl zu Ihnen herüber sendet.

Er zeigt Ihnen den sicheren Hafen, Ihr Ziel, Ihre Heimat, die Sie nun langsam ansteuern.

Sie halten das Steuerrad fest in Ihren Händen.

Wind kommt auf und lässt die Segel noch mächtiger anschwellen.

Sie hören das Knarren der Takelagen und das Zerren der Taue, die sich gegen den Wind wehren, das lediglich von dem Kreischen der letzten Möwen unterbrochen wird, die ihr Nachtquartier erreichen wollen.

Das Meer schäumt auf und die Wellen versuchen Sie von Ihrem Kurs abkommen zu lassen.

Frische Gischt bläst in Ihr Gesicht und versucht, Ihnen die Sicht zu nehmen.

Sie spüren die Nässe auf Ihrer Haut, die in tausend kleinen Perlen von Ihrem Gesicht tropft.

Sie strengen sich an, das Steuer fest in Ihren Händen zu halten und beobachten, wie der Kiel Ihres Schiffes sich gleich einem scharfen Messer durch die See schneidet.

Sie halten Kurs – Ihren Kurs!

Fest und mit klarem Blick beobachten Sie den Leuchtturm, der seinen mächtigen Strahl über das Meer hinaus sendet. Konzentriert folgen Sie ihm ohne Angst und Zweifel.

Und während Ihr Schiff Sie dem Leuchtturm entgegen trägt, fühlen Sie die frische Brise des Meeres auf Ihrer Haut und schmecken das Salz auf Ihren Lippen.

Sie spüren die unendliche Weite des Meeres und haben seinen salzigen Geruch in Ihrer Nase.

Fest, konzentriert und sicher stehen Sie an Bord Ihres Schiffes und steuern es nach Ihrem Willen dem Heimathafen, Ihrem Ziel entgegen.

Sie erfüllt Freude und Sie spüren Ihre Kraft und Stärke mit der Sie Ihr Schiff durch die sich auflehnenden Wellen treiben.

Sie spüren die Macht in sich, Ihr Ziel zu erreichen.

Sie fühlen Ihre Entschlossenheit in Ihrem ganzen Körper und Ihrer ganzen Seele, die Sie weiter vorantreibt.

Sie halten das Ruder fest und mit sicherer Hand führen Sie Ihr Lebensschiff.

Ausgeruht, gestärkt und voller Energie steuern Sie Ihrem Ziel entgegen, um es neugierig und motiviert zu erobern.

Sie spüren es ganz intensiv – **SIE sind der Steuermann Ihres Lebens**

Seekrankheit ist eine Ausrede… Sie verstehen mich schon…

Wie erstellen Sie Ihr Leitbild?

Kleine Anleitung – kurz, knapp, knackig, nicht lange rummachen, TUN!

Stellen Sie sich vor Ihren Spiegel.

Lassen Sie Ihre Gedanken fließen.

Seien Sie mutig und schauen Sie sich direkt und fest in die Augen.

Fragen Sie sich (durchaus auch laut): WER Sie sind und WER Sie SEIN WOLLEN?

Formulieren Sie nun Ihre persönlichen Werte, Fertigkeiten und Fähigkeiten.

Formulieren Sie Ihre Ziele und Visionen – klar und deutlich.

Entwickeln Sie daraus Ihre Leitsätze.

Komprimieren Sie Ihr persönliches Leitbild zu einem Plan mit festen Regeln, Zeiten, Glaubenssätzen und Ihrem Verhaltenskodex.

Denken Sie nicht bescheiden.

Glauben Sie an das, was Sie können.

TUN Sie es! WIEDER und WIEDER.

Sie wollen mehr? Dann verlangen Sie auch mehr – auch von sich selbst!

„Wollen ist wie Machen… nur ein wenig fauler" (unbekannt)

Gedanke 16 von ... - Oder: Ziellos - Planlos - Kopflos. Das 1x1 der Orientierung

Was nun, wenn das alles nicht so klappt wie Sie sich das vorgenommen haben?

Dazu gibt es verschiedenste Erklärungsmuster.

Auch hier wieder kurz, knapp und natürlich knackig.

Fragen Sie sich ernsthaft, ob es IHR Ziel ist.

Oft werden Wünsche, auch von Menschen die uns nahestehen, an uns herangetragen, die ihre verpassten Lebenschancen nun auf Sie projizieren.

Oder aber Ihre inneren Zwangsstimmen gaukeln Ihnen eine gedankliche Fata Morgana vor, man möge sich doch in diese oder jene Richtung entwickeln.

Oder Sie wollen/sollen so werden wie... der erfolgreiche Sportler, der Schauspieler, das Supermodel, der Gesangsstar, usw...

Das ist sicher **NICHT** IHR PERSÖNLICHES ZIEL!

Ihr persönliches Ziel muss aus Ihrem persönlichen Wunsch, Ihrem persönlichen Gefühl, Ihrer persönlichen Motivation, Ihrem persönlichem Streben und Ihrer persönlichen Kraft erwachsen. Das wird dann Ihr Glück und Ihre Zufriedenheit werden.

Ihr Ziel stimmt nicht mit Ihren persönlichen Werten überein?

Sie wollen etwas, dem Sie innerlich aufgrund Ihrer Vorstellungen nicht wirklich gewachsen sind? Sie haben eine Vorstellung von sich und Ihrem Ziel, das nicht die Farbe Ihres Inneren trägt? Lassen Sie es!

Entweder Sie sind ein „Killer" oder eben nicht. Versuchen Sie zu keiner Kopie von irgendjemanden oder irgendetwas zu werden. Keiner kann wirklich aus seiner Haut. Das geht schief.

Verlassen Sie sich auf Ihr tiefes, inneres Gefühl.

Der Brocken (das Ziel) ist einfach zu groß?

Nicht schlimm! Selbst, wenn die Taktik „Wie isst man einen Elefanten? Scheibenweise!" nicht zum Erfolg führt.

Ihr Ziel sollte realistisch, also auch wirklich mach- und erreichbar sein. Und außerdem ist noch kein Meister vom Himmel gefallen. Geben Sie sich auch Zeit und werden Sie nicht wie der Bauer, der des nachts auf sein Feld geht, um an den Halmen seines Getreides zu ziehen, in der Hoffnung sie würden so schneller wachsen. (Das kennen Sie ja schon.)

Sie glauben nicht an Ihre Talente?

Wichtig ist eine schonungslose Inventur Ihrer Stärken und Schwächen.

Was brauchen Sie, um der/die zu werden, der/die Sie sein wollen? Welche Instrumente und Werkzeuge in Ihnen sind dazu notwendig?

Ein Tipp: Vernachlässigen Sie Ihre Schwächen – da kommt nur Mittelmaß bei raus, und Sie verlieren unnötig Zeit (oder leben Sie ewig?). Fordern Sie Ihre Stärken. Entwickeln Sie diese beständig und mit eiserner Disziplin.

Dann erreichen Sie Spitzenleistungen.

Sie machen vor Ihrem Ziel schlapp?

Tja, Weichei!... Und alles war umsonst. Dafür haben Sie sich auf den Weg gemacht - um dann vorher aufzugeben, umzukehren? SO schön, wieder der Alte zu sein (wer will schon alt sein?)!?

Das L(Loser) auf Ihrer inneren Stirn zu tragen?

Kapitulation ausgeschlossen – Widerstände? „Viel Feind, viel Ehr'" - So läuft das hier! Und nochmal: Üben Sie sich in Geduld.

Übrigens: Leicht kann jeder!

Rom wurde auch nicht an einem Tag gebaut.

Auch der liebe Gott hat sechs Tage gebraucht, um die Welt zu erschaffen.

Und Gott heißen Sie ja wohl nicht – oder?

Selbstdisziplin verloren?

Nicht wirklich gut. Gehen Sie zurück auf LOS (und ziehen Sie kein Geld ein).

Glaube, Wille und Disziplin sind die Eltern des Erfolgs. Die anderen Verwandten wie Motivation und dergleichen kommen dann automatisch zu Besuch.

Sie können nichts einstecken?

Rückschläge demotivieren Sie? Warum? Rückschläge sind ein Problem für Sie? Wieso? Begrüßen Sie jedes Pro(-)blem, denn es arbeitet FÜR (Pro) und eben nicht gegen Sie. Dann müsste es ja Kontra(-)blem heißen, oder? Ich kenne kein Kontrablem, oder haben Sie schon mal von einem gehört oder gelesen?

Wissen Sie, was einen guten Boxer ausmacht? Er kann nicht nur austeilen, sondern auch einstecken. Luft für zwölf Runden.

Und wenn Sie wirklich mal auf dem Boden liegen und Ihnen nichts mehr einfällt, weil Ihre verdammten Knochen müde und Ihre Muskeln (auch die Ihrer Seele) schlaff und schwach geworden sind, dann fangen Sie an zu GRABEN – Gold findet man in der Erde, aber machen Sie was. Und wenn Sie graben, heißt Ihr Motto: Stillstand ist der Tod. Oder wollen Sie sich auszählen lassen?

Nun können Sie endlich zeigen, was Sie drauf haben.

Es fehlt Ihnen Struktur und ein klarer Weg?

Deshalb gibt es Pläne meine Damen und Herren. Pläne geben Übersicht zu Ihrem Ziel, zeigen Ihnen, wo Sie wie zu agieren haben, welche Richtungen Sie zu Ihrem Ziel einschlagen müssen; sie bestimmen die notwendigen Maßnahmen. Auch hier heißt es: Realistisch bleiben.

Einzelkämpfer?

Sie wollen es ALLEIN schaffen, niemandem zu Dank verpflichtet sein? Gut, das kann funktionieren – doch realistisch betrachtet brauchen wir andere Menschen. Menschen, die an uns glauben, uns mit Gedanken, Worten und Werken unterstützen. Menschen, die uns wohlgesonnen sind und uns helfen können, Klippen zu umfahren und Schluchten zu überqueren. Begleiter, die uns zeigen, wie man die eigene innere Wüste durchwandern kann, wie man Gipfel erklettert. Suchen Sie sich Erfolgsmenschen. Oder finden Sie wahre Freunde. Ignorieren Sie Pessimisten!

Angst vor der eigenen Courage?

Sind Sie nun ein Kerl bzw. eine gestandene, emanzipierte Frau oder nicht? Haben Sie noch Pubertätsflaum an den Backen oder schon einen richtigen Bart?

Sind Sie nun eine selbstbewusste und von Ihrer Weiblichkeit überzeugte Frau oder noch ein Mädchen mit pickeligem Gesicht und übersteigerter Pubertätstranspiration (und wie die riecht muss ich Ihnen ja wohl nicht sagen, oder)?

Vergessen Sie das endlich mal. Haben Sie keine Angst zu scheitern. Denken Sie nicht so viel nach. Durchstarten... Hinterbacken so fest zusammenkneifen, dass Sie eine Münze prägen könnten und durch (Die Münze sollte Ihren Kopf zeigen.).

Da, wo Sie sind, ist das Vorne und genau da geht die Sonne auf. Ihre Sonne.

Gedanke 17 von ... Magie - Oder: Von Zaubersprüchen und Beschwörungsformeln

Waren Sie als Kind auch immer so fasziniert, wenn Sie einen Zauberer gesehen haben? Wie dieser scheinbar aus dem Nichts etwas hervorgezaubert hat? Vom berühmten Kaninchen aus dem Hut? Wie er die von Ihnen angedachte Karte hervorzauberte? Oder Seile und Knoten durchschnitten hat, die sich dann auf wundersame Art und Weise wieder zusammengefunden haben? Und wie alles in Begleitung des wundersamen Zauberstabs und der geheimnisvollen Zaubersprüche geschah?

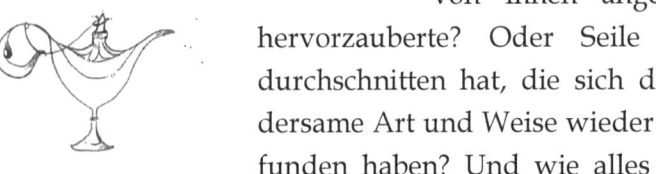

Heute sind Sie erwachsen – lassen Sie sich dennoch von der hochtechnisierten Illusion eines David Copperfield oder den genialen Gebrüdern Ehrlich mitreißen in das Land aller Möglichkeiten, wider jede Vernunft und physikalischen Gesetze?

Gehörten Sie auch zu den Millionen von Lesern, die diesen Harry Potter durch seine Abenteuer der Magie und Fantasie begleitet haben? Wenn ja, WUNDERBAR: Sie können noch träumen, sich erfreuen wenn Menschen Illusionen scheinbar wahr werden lassen. Wenn sie Phänomene zeigen, die schier unmöglich sind. Wenn diese Menschen Sie mitnehmen in das Land der Magie.

Zauberer, Magie, Beschwörungsformeln sind so alt wie die Menschen selbst. In jeder Kultur gab es Menschen oder sogar ganze Kasten, die in geheimes Wissen eingeweiht waren.

Ich denke da an die alten Kräuterfrauen, die dann zu hunderten im Mittelalter als Hexen ihr Leben lassen mussten, weil sie Kenntnisse der Natur, des Lebens und der Welt hatten, die für die damaligen Machthaber sehr gefährlich gewesen sind und ihre Vormachtstellung nicht nur in Frage hätte stellen können: Diese Wahrheiten hätten sie auch zu Fall bringen können.

Oder die Kaste der Hohepriester, Druiden und Schamanen in vielen Kulturen des Altertums bis in die heutige Zeit, die ihr vielfältiges Wissen nur mündlich weitergaben, zur Sicherung ihrer Interessen und ihres Standes in der Gesellschaft. Das diente aber auch zum Schutz der Nicht-Eingeweihten, denn der Schaden einer fahrlässig und verantwortungslos betriebenen „Magie" kann ein enormes Ausmaß annehmen.

Und auch heute noch haftet den Menschen, die über „Fähigkeiten und Wissen" verfügen und die nicht alltäglich erscheinen, etwas Magisches an. Denken Sie doch mal an den berühmtesten „Löffelverbieger" der Welt: Uri Geller.

Sagen Sie nicht, dass Sie nicht auch mit Spannung vor dem TV saßen, als Uri Geller im deutschen Fernsehen für Furore und mit seinen Experimenten sogar in Ihrem Wohnzimmer für Überraschungen gesorgt hat.

Nicht wenige haben bei den Sendeanstalten angerufen und von seltsamen Phänomenen während der Ausstrahlung der Show berichtet. Die Presse war voll davon und die Leute haben sich das Maul mit Spekulationen über das Gezeigte zerrissen.

Ich erinnere mich an das große Erstaunen der Zuschauer, als diese sahen, wie David Copperfield scheinbar mühelos durch die Chinesische Mauer ging. Die atemberaubenden Zaubereien der Gebrüder Ehrlich und anderer großer Magier stehen diesen Phänomenen in nichts nach.

Zauberei war immer verbunden mit besonderen Beschwörungsformeln, Zaubersprüchen und entsprechender Verbalmagie (tja, die Macht der Worte – hatten wir schon!), um Dinge entstehen zu lassen, Dinge sich wandeln zu lassen oder sogar zum Verschwinden zu bringen.

Das alles geheimnisvoll begleitet von einem Zauberstab, der natürlich auch nicht fehlen durfte, als Symbol dafür, das Unmögliche doch möglich zu machen.

Die wohl bekanntesten Zaubersprüche sind *„Abrakadabra"* - *„Hokuspokus"* - *„Simsalabim"* (für die Tierfreunde unter Ihnen darf der *„dreimal schwarzer Kater"* natürlich auch nicht fehlen) und schon entstand auf wundersamste Weise der Zauber.

Wohl dem, der diesen Spruch und die Kenntnisse dazu beherrschte, denn er konnte die Schwingungen der Materie, die Aura der Lebewesen und auch die Geister des Dies- und Jenseits beschwören und sie sich zu Nutze machen:

Zum Wohle des Menschen in weißer Magie, zu deren Schaden im Gewand der Hexe und des Zauberers der schwarzen Magie mit Flüchen, Voodoo und Verwünschungen (lesen Sie mal wieder ein schönes Märchen – ich meine die Geschichten aus den Kindertagen und nicht den Schrott, der heute als Märchen verkauft wird. Sie wären überrascht, wie viel Sie dort vom Leben für das Leben lernten).

Zaubersprüche dienten immer der Materialisierung von Ideen, Wünschen und Gedanken. Sie sollten die Dinge in unserem Kopf und Herzen wahr werden lassen, eine kraftvolle Hilfe dazu sein.

Wie viele unglückliche Menschen sehnen sich durch Zaubersprüche und Magie ihr Glück zurück? Wie viele unglückliche Lieben und vom Partner verlassene arme Seelen versuchen durch den Besuch bei einer Wahrsagerin, durch Beschwörungsformeln und geheime Rituale, ihren Partner wieder für sich zurück zu gewinnen? Mittlerweile lebt eine ganze TV- und Medien-Industrie davon. Seien Sie mal ehrlich. Haben Sie sich nicht auch schon in Ihrem stillen Kämmerlein, in das Sie sich wie ein verletztes Tier nach großem Kummer und Schmerz zurückgezogen haben, ein Wunder gewünscht, das all Ihre Sorgen und Nöte, Ihre Ängste und Hoffnungslosigkeit, Ihre Sehnsüchte und Begierden in Luft auflöst oder wahr werden lässt?

Und was hat das nun mit Ihnen und Ihrem Dasein zu tun? Ihrer Unzufriedenheit in Ihrem nebeligen Leben? Ihrer Ebbe in Ihrer Geldbörse? Immer noch nicht verstanden?

Nutzen Sie doch diese Kraft der „Magie", die Kraft der „Zaubersprüche".

Kreieren Sie Ihren eigenen Zauberspruch. Schaffen Sie sich selbst eine Magie in Ihrem Leben und nutzen Sie die Macht der Worte, die Macht der Fantasie.

Denken Sie magisch, halten Sie sich nicht an „physikalische Gesetze" (ein berühmter amerikanischer Wissenschaftler hat mal gesagt, dass er die Physik des 20. Jahrhunderts studiert hat und sich nun fragt, wie die Physik wohl in 200 Jahren aussehen wird).

Lassen Sie nicht zu, dass Ihr Verstand Sie begrenzt. Erinnern Sie sich, was Sie als Kind alles konnten: Fliegen, unsichtbare Freunde haben, mit Elfen tanzen, sich in andere Zeiten versetzen...

Da gab es mal jemanden vor 2000 Jahren, der auch ein großer Zauberer war und der davon überzeugt war, dass der Glaube Berge versetzen kann. Sie wissen schon, wen ich meine.

Erschaffen Sie sich Ihre Welt des Erfolgs und des Glücks, wie immer dieser aussieht, was immer diese für Facetten haben soll, wie immer Sie Erfolg und Glück definieren.

Zaubern Sie und glauben Sie, dass das Unmögliche möglich wird, wenn Sie es WOLLEN.

Immerhin – die Bibel sagt:

„Und das Wort ward Fleisch (und wir sahen seine Herrlichkeit)..." (Johannes 1.14)

Mensch, was denn noch? Offensichtlich ist ja sogar Gott davon überzeugt. Der hat gemacht... also MACHEN SIE nun!

Nochmal: Erleben Sie Ihren Zauber, leben Sie Ihr magisches Leben. Erschaffen Sie Ihr Leben (neu). Glauben Sie fest daran und es wird geschehen und Sie werden mit den gleichen erstaunten Augen auf Ihr Leben schauen, wie Sie auf den Zauber, der durch einen Magier in Ihren Kindertagen Gestalt vor Ihnen angenommen hat, geschaut haben.

Machen Sie das aber lieber mit weißer Magie - man weiß ja nie!

Für die Gläubigen unter Ihnen: Ist nicht auch das Gebet, innig gesprochen und gewünscht, eine Form eines Zauberspruchs, dessen Erfüllung wir in „frommen Worten" Wirklichkeit werden lassen wollen? Eine Beschwörungsformel an ein allmächtiges Wesen, dem Magier aller Magier, an Gott?

Also machen Sie Ihren Alltag reicher an Magie, Zauberei und Zauberformeln und fangen Sie noch heute an! Jetzt! (Schon mal die „Rauhnächte" zelebriert? - Tolle Sache) **Seien Sie Ihr eigener Magier und erschaffen Sie all die Dinge, die Sie wollen und die Sie glücklich machen.**

Wie sagte Obi-Wan Kenobi in Star Wars? *„Und die Macht wird mit dir sein!"*

Denken Sie aber immer an den Spruch: *„Bedenke was du dir wünscht, es könnte Wirklichkeit werden."*

Oder haben Sie die Hose voll vor dem Ergebnis?

Warum glauben Sie denn nicht mehr an das Christkind oder den Weihnachtsmann? Sind Sie wirklich schon so abgestumpft und verarmt in Ihrer Seele?

Beginnen Sie wieder zu träumen – so wie damals, als Sie Ihre Wünsche noch auf einen schön gemalten Zettel geschrieben oder gebastelt und diesen dann auf das Fensterbrett gelegt haben mit dem tiefen Wunsch, das Christkind möge ihn abholen und Sie reich beschenken...Erinnern Sie sich? Lächeln Sie jetzt?

Wenn nicht … schade… Wenn doch…. toll. Schön war's, oder?

Gedanke 18 von ... Physikunterricht für Nachsitzer

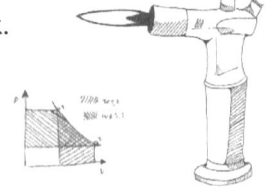

So, nun auch das noch – ein wenig Physik.

Wissen Sie aus Ihrer Schulzeit noch ein wenig von diesem so allseits „beliebten" Fach?

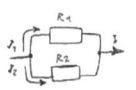

Wenigstens ein bisschen?

Nein?

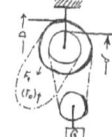

Schlecht, dann ist also Nachhilfe angesagt.

Wie sagte der etwas kauzige Lehrer Bömel aus dem Film „Die Feuerzangenbowle" zu Beginn der Unterrichtsstunde so schön:

"Wo simmer denn dran? Aha, heute krieje mer de Dampfmaschin. Also, wat is en Dampfmaschin? Da stelle mehr uns janz dumm. Und da sage mer so: En Dampfmaschin, dat is ene jroße schwarze Raum, der hat hinten un vorn e Loch. Dat ene Loch, dat is de Feuerung. Und dat andere Loch, dat krieje mer später."

Heute geht es allerdings nicht um eine Dampfmaschine. Heute frage ich Sie: „Was ist ein Aggregatzustand? Sie wissen es nicht? Doch!

Und wenn nicht, fragen Sie Wikipedia:

„Als Aggregatzustände werden die unterschiedlichen Zustände eines Stoffes bezeichnet, die sich durch bloße Änderungen von Temperatur oder Druck ineinander umwandeln können. Es gibt die drei klassischen

*Aggregatzustände fest, flüssig und gasförmig sowie in der Physik weite-
re nicht klassische Zustände wie z.B. das Plasma."* (Wikipedia)

Und nun stellen Sie sich einmal vor, SIE sind ein Stoff (was ja
in gewisser Weise auch stimmt, denn Sie sind stofflich).

Nun fragen Sie sich einmal in welchem Aggregatzustand Sie sich
jetzt gerade in Ihrem Leben und beim Lesen dieses Buches befinden?

Fest, flüssig oder gasförmig?

Beziehen wir diese Zustände in einem nächsten Schritt auf Ihre
körperliche, seelische und visionäre Verfassung in Ihrem Leben.

Wo befinden Sie sich da gerade?

Fest wären Sie mit klaren Vorstellungen von Ihrem Leben, mit
festen Grundsätzen, Leitlinien und Werten. Wenn Sie einen Ord-
nungskatalog in sich entwickelt haben, einen roten Faden, dem
sie beständig folgen und auch nach innen wie außen ständig vertreten können. Wenn Sie sich auf sich und andere verlassen können.

Kurz, jemand, der einen festen Standpunkt hat und diesen auch
von einem festen Standort aus vertreten und von dort aus agieren
und reagieren kann. Jemand, der der Person (auch und gerade
sich selbst), der Situation, seinem Ziel und seiner Vision gerecht
wird.

Ein **flüssiger Zustand** wäre nicht so gut, denn dann sind Sie tatsächlich aus der Form und schlimmer noch: Sie können JEDE
Form annehmen, schwimmen ziellos umher wie Wasser, das ver-
gossen wird, und breiten sich in alle Himmelsrichtungen aus.

Und das nicht nur auf körperlicher Ebene. Nein, jede Vision, jeder Wunsch, jeder Gedanke ufert aus, verliert sich und versickert in irgendeiner gewöhnlichen Alltagserde ohne jemals Frucht oder Wirkung zu zeigen.

Oder befinden Sie sich gerade in einem **gasförmigen Aggregatzustand?**

Also in einem Zustand, in dem sich alle Teile von Ihnen (auch wiederum Ihre Visionen, Träume, Gedanken...) voneinander frei im Raum bewegen, sich verflüchtigen oder gar mit anderen seltsamen Energien vermischen und sonderbare Ergebnisse hervorbringen.

Da die Teilchen flüchtig sind, ist ihre Bewegungsenergie so hoch, dass sie nicht mehr zusammen bleiben (Unordnung) und so stoßen sie nur hin und wieder aneinander. Distanz ist also hier die Regel (wie eben auch Ihr Leben).

Ach ja: Gasförmige Stoffe haben die niedrigste Dichte.

Wie „dicht" sind Sie?

Was sind Sie also? Und was wollen Sie sein?

Welchen Aggregatzustand wollen Sie erreichen?

Eine kleine Testfrage dazu: Wie bringen wir Wasser in eine Form? Also wie schaffen wir es, einen Stoff, der einen flüssigen Aggregatzustand hat, so zu formen, dass er Struktur zeigt?

Natürlich wissen Sie das: Sie geben das Wasser in ein Gefäß. Dabei kann es jede Form annehmen, eben abhängig von dem Gefäß, das Sie wählen.

Und genauso müssen Sie mit Ihren Visionen, Träumen und Ideen umgehen; mit Ihren Zielen und all dem, was Sie sein wollen, letztendlich wieder auch damit, wer Sie dadurch sind!

Geben Sie also Ihren Visionen, Ihren Träumen, Ihren Wünschen und Gedanken eine Form. Füllen Sie diese in ein Gefäß und denken Sie groß dabei:-Schnapsglas oder Maßkrug, Eimer oder Fass?

Was wollen Sie? Entscheiden Sie sich endlich mal – das Bier in Ihrem Krug lassen Sie ja auch nicht schal werden, oder?

Um dahin zu kommen wohin Sie wollen, brauchen Sie eben Struktur, eine Ordnung. Natürlich soll alles unter dem Gesichtspunkt der Chance auf Verwirklichung erfolgen, dessen was wirklich möglich ist - das ist mehr als Sie denken und vor allem jetzt schon haben...

Fragen Sie sich also:

- **Was lässt sich jetzt schon umsetzen?**
- **Was bedarf noch einer gewissen Reifezeit?**
- **Was ist die mögliche Wirklichkeit und was ein Luftschloss?**
- **Was gehört auf unsere persönliche „To-do Liste"?**
- **Welche Idee und Vision ist machbar?**
- **Wie sieht mein Zeitplan zur Verwirklichung aus?**
- **Welche Zwischenschritte sind vielleicht nötig?**
- **Welche Ordnung ist notwendig, um all das umzusetzen?**

- **Wie viel Energie bin ich bereit zu investieren – in mich und in mein Leben?**

(Es sollte Ihnen ruhig ein wenig Anstrengung wert sein: Sie wissen ja, vor dem Erfolg haben die Götter den Schweiß gesetzt - oder haben Sie Sorge zu transpirieren?)

Und da ist es wieder, das Zauberwort, eines von vielen und dennoch der Primus inter pares: Der Erste unter Gleichen. Für die weiblichen Leser (auch an denen liegt mir sehr, sehr viel): Prima inter pares, die Erste unter Gleichen.

Also, zum Thema Ordnung:

Ja, ich weiß, gerade in der heutigen Zeit ein Reizwort, ein Unwort für all die, die diese hohe Kunst der Struktur eben nicht beherrschen (oft schon äußerlich erkennbar).

Ordnung ist naturgegeben – die Welt, das Leben, die Natur, eben alles Geschaffene folgt ihrer eigenen Ordnung. Nichts davon ist zufällig (Zufall ist ja das, was einem „zufällt"), und für die religiösen Menschen unter uns:

„Es gibt Zufälle, an denen sind noch die Fingerabdrücke Gottes." (Nikolaus Cybinski (*1936), dt. Aphoristiker) (auch nicht schlecht oder?)

Hier gleich noch einer:

„Der Zufall ist vielleicht Gottes Deckname, wenn Gott sich nicht zu erkennen geben will." (Anatole France (1844-1924), eigtl. Jacques François Anatole Thibault, frz.)

"Den Zufall gibt die Vorsehung – zum Zwecke muß ihn der Mensch gestalten." (Johann Christoph Friedrich von Schiller)

„Was wir Zufall nennen, ist vielleicht die Logik Gottes." (Georges Bernanos (1888-1948), frz. Schriftsteller)

Ordnung ist ein Grundbedürfnis des Menschen: Er teilt Epochen in Jahre, diese in Monate, diese wiederum in Tage, um sich dann in Stunden, Minuten, Sekunden und heute noch kleineren Zeiteinheiten wiederzufinden.

Der Mensch ordnet den Dingen Werte zu z.b. in Form von Maßeinheiten (Zeit, Gewicht...) oder Währungen. Die Wirtschaft folgt bestimmten Ordnungen, das Zusammenleben an sich ist von einer Ordnung abhängig.

Stellen Sie sich den Straßenverkehr mal so ganz ohne Ordnung vor... Ganz zu schweigen von einer ordnungslosen Gesellschaft.

Rituale, Planungen, Gewohnheiten befreien den Geist und schaffen Raum für Neues – eben für unsere Visionen, die ein Rezept brauchen, damit Sie dahin kommen, wohin Ihr Streben Sie zieht.

Sie können es also drehen und wenden, wie Sie wollen – Ordnung ist eine der wichtigsten Zutaten auf Ihrem Weg nach „oben".

Nur zum Nachdenken: Hier eine Sammlung von Synonymen für Ordnung. Vielleicht fällt Ihnen ja dabei was auf:

Ordnung

geregelter Zustand/Gang/Tagesablauf, Zucht, Disziplin, Drill, Korrektheit, Genauigkeit, Regelung, Regel, Regelmäßigkeit, Gleichmaß, Planmäßigkeit, Richtigkeit, Wohlanständigkeit

- Anordnung, Gruppierung, Reihenfolge, Gliederung, Schema, Systematik, Stufung, Abstufung, Arrangement, Zuordnung, Folge

- Klasse, Kategorie, Gattung, Abteilung, Reihe, Rubrik

- in Ordnung →ordnungsgemäß

- okay, o.k., einverstanden, ja, jawohl, gut; ugs.: ist geritzt, gemacht, abgemacht, gebongt(g)t, in Butter

- in Ordnung bringen aufräumen, säubern, saubermachen, putzen, wegräumen

- aus der Welt schaffen, bereinigen, beilegen, schlichten, beseitigen, wiedergutmachen

Tagtäglich verwenden Sie diesen Begriff und doch findet er bei so wenigen Menschen Sinn und Inhalt in deren Lebensplanung. Komisch oder?

Wie erlösen Sie sich nun von einem gasförmigen Zustand?

Kondensieren (Übergang von gasförmig zu flüssig)
Resublimieren (Übergang von gasförmig zu fest)

„Dieser Vorgang lässt sich beispielsweise im Gefrierfach eines Kühlschranks beobachten. Das als Wasserdampf in der Luft enthaltene Wasser wird im Kontakt mit den kalten Wänden unmittelbar fest, ohne dass sich zuvor flüssiges Wasser ausbildete. Das Resultat ist ein vereistes Kühlfach, das von Zeit zu Zeit abgetaut werden muss.

Weitere Beispiele sind die Bildung von Eisblumen sowie das Entstehen von Raureif." (Wikipedia)

Sie sehen also: Eine Wandlung ist möglich, selbst von einem gasförmigen zu einem festen Zustand.

Kondensieren Sie also mal (eine sehr wirksame Hypnosetechnik im Coaching, die von mir oft und sehr erfolgreich verwendet wird)!

Wie das geht?

Verdampfen Sie mal endlich Ihre alten Glaubenssätze, die bösen Geister Ihrer Vergangenheit, den Gehorsam gegenüber Ihren Fesseln (Eltern, Geschwister, der liebe Nachbar, die „Leute"...), Ihre Faulheit, Ihre Bequemlichkeit, Ihren inneren Schweinehund und wer weiß was Sie alles für Teufel in sich tragen (wollen), die Ihnen mehr Schwerkraft geben als die Erde selbst hat.

Sie sehen, Physik ist toll und kann zur Veränderung Ihres Lebens beitragen.

Biologie haben Sie ja schon gehabt – ich hoffe, Sie erinnern sich noch!

Gedanke 19 von ... - Oder: Von Jammerlappen und anderen Turnbeutelträgern

 Jammern ist heute eine Hochkultur geworden. Diese wird gepflegt und in TV und anderen Medien regelrecht zelebriert.

In unzähligen Talkshows kotzen sich laufend Menschen aus, die sich über ihr Dasein beklagen: Der Partner sei ein blöder, untreuer Kerl, sie selber seien zu fett. Schuld sind allerdings die vielen Verführungen in Form von Fastfood (Restaurants und Dönerbuden), das Geld reiche hinten und vorne nicht (um sich ein noch besseres Smartphone zu kaufen), also sei man gezwungen, die „billigen, weniger guten" Nahrungsmittel zu kaufen. Sie klagen, der Nachbar sei immer so komisch und wolle seinen Hammer nicht verleihen, das Wetter sei auch nicht mehr das was es mal war und man sollte Petrus verklagen... und so weiter und so weiter.

In den Arztpraxen erzählen sich die Patienten ihre Krankengeschichten in den buntesten Farben und werden nicht müde ihr Leid auch noch anderen im Wartezimmer zu verkaufen und sich dabei gegenseitig in ihrer Schmerzensqual übertreffen zu wollen; und wenn in China ein Sack Reis umfällt, so ist der liebe Gott Schuld... Immer die anderen...

Da sitzen Menschen, die auch noch Geld für ihre lächerlichen Vorstellungen kriegen und keinerlei Verantwortung für ihr Leben übernehmen. Sie wollen und können nicht verstehen, was da so Gemeines in ihrem Leben geschieht – oh oh … Böse, böse.

Und nun betrachten Sie diese Menschen mal: form-, niveau-, bildungs-, kultur-, intelligenz-, geschmack- und stillos sitzen sie im TV-Studio wie in ihrem Leben und jammern.

Da ich sehr viel Bahn fahre, werde ich oft unfreiwilliger Zeuge von Handygesprächen, die privater nicht sein könnten: Gespräche über intime Dinge, Gespräche über Krankheiten, über Geldprobleme, Probleme auf der Arbeit, der dämliche Kollege und der böse Chef, Eheprobleme, sogar Bewerbungsgespräche und Bankgeschäfte werden vor aller Welt lautstark in das Zugabteil geblasen. Ohne Niveau, Benehmen oder Rücksicht auf andere.

Da wird man mit „Musik" beschallt, die Gott in dieser Welt nicht haben wollte und weit entfernt von dem ist, was man als Töne bezeichnen könnte. Nichts gegen Musik und ihre Vielfältigkeit und nichts gegen verschiedene Geschmäcker, aber wir sollten unseren Geschmack nicht als Maßstab sehen und uns aufgefordert fühlen, andere daran ungefragt teilhaben lassen zu müssen.

So was nennt man einfach nur aufdringliches, schlechtes Benehmen, oder besser gesagt: Gar kein Benehmen.

Da jammern die Menschen herum und das nur, um ein wenig Aufmerksamkeit zu erhaschen, weil sie sonst unfähig sind, Aufmerksamkeit durch „Leistung und Erfolg", durch ein niveauvolles „Anders sein", zu erlangen.

Manchmal habe ich das Gefühl, dass diese Menschen nur darauf warten, durchgeschüttelt zu werden, damit sie wieder bei Verstand sind, eine klare Richtung in ihrem Leben erkennen, und dass sie einen Wegbereiter benötigen, und jemanden, der ihnen einfach mal sagt, „was Sache ist".

Wer will schon pleite sein?

Wer will schon Misserfolg haben?

Wer will schon nicht gesehen und beachtet, ja vielleicht sogar nicht gemocht oder gar geliebt werden?

Wer will nicht endlich mal mit der Faust auf den Tisch hauen, um mal seinem Frust über seine Mitmenschen, die verlogenen Politiker, den blöden Nachbar, seine dämliche Verwandtschaft oder all die gehirnamputierten Lebenssaugern, Luft zu verschaffen und ihnen mal gehörig und lautstark die Meinung zu geigen?

Was glauben Sie, wie viele Menschen in den Kinos und vor dem TV sitzen und sich insgeheim wünschen, genauso sein zu dürfen wie ihr Actionstar, der gnadenlos aufräumt (tja) und für Ausgleich und Gerechtigkeit sorgt?

Aber sie schweigen jeden gottverdammten Tag. Bekommen Falten an Stellen, wo Gott gar keine vorgesehen hat, ärgern sich über Hautausschläge, Blähungen und Magengeschwüre und was es sonst noch so für „lustige Dinge" auf diesem Planeten gibt.

Doch keiner von denen erkennt die Wurzel allen Übels: Er selbst ist es – der Mensch selbst.

Falls es Sie nicht stört... Mich schon. Denn ich hab es satt, mir ständig unaufgefordert diesen militanten Seelenschrott anderer anzuhören. Ich bin es leid, ewig dieses Stänkern und Lästern zu hören, das aus satten und verbitterten Gesichtern hervorquillt wie ein fetter, reifer Eiterpickel in der Pubertät, der nur darauf wartet, endlich mit einem kräftigen Knacken den Spiegel zu verzieren. Was ein Bild. WOW.

Diese Menschen wollen keine Veränderung. Sind nicht bereit sich auf das Wagnis einzulassen, Neuland zu betreten, einen anderen Weg zu gehen.

Nur, will ich das wirklich auch noch verbal wissen und mir die Ohren, samt Gehörgänge plus Laune verderben lassen?

Diese Menschen leben tatsächlich ein mieses Leben. Aber nicht weil das Leben mies ist, sondern weil sie mies sind und sie bekommen was sie bestellen: Miesmenü in mehreren Gängen. Lecker. Guten Appetit!

Ja, wir sind Opfer und das tut so weh. „Herr, errette mich" (ach geht ja gar nicht, der ist ja Schuld daran oder zumindest hat er mich verlassen und hört mich nicht in meinem Jammertal).

Schon erstaunlich, wie einfach es sich viele Menschen machen, anderen die Schuld und Verantwortung zu geben nur sich selber nicht.

Larry Winget schreibt in seinem Buch „Halt den Mund und höre auf zu heulen" so passende Beispiele, die ich nur zu gern übernehme:

„Da kriegen Raucher Lungenkrebs (wie kann das bloß passieren? Krebs kriegen doch immer die anderen) und verklagen dann frech die Tabakindustrie, weil die ja Schuld daran sind, dass sie sich, unwissend wie sie sind, täglich diesen Schrott in die Lungen gezogen haben. Die waren es, die sie zum nächsten Zigarettenautomaten oder in den Kiosk gejagt haben, damit die Manager ihre dicken Autos vor ihren protzigen Villen parken können.

All die Fetten dieser Welt (nicht die, die wirklich krank sind – hatten wir ja schon), die ihren Genen oder den berühmten „schweren Knochen" die Schuld geben. Oder der Omnipotenz der Nahrungsmittel und Fastfoodketten, der 24 Stunden - Möglichkeit etwas in sich hineinzustopfen, das so weit weg von einem Lebensmittel ist wie der Papst von der Vielweiberei.

Ja, im Supermarkt rufen die Dickmacher nach ihnen, wie das Brot im Backofen von Frau Holle (aus dem Aschenputtel - Märchen), das herausgenommen werden wollte, damit es nicht verbrennt.

Und wenn das Zeug dann im Einkaufskorb liegt, will es schön durch die Kasse gefahren werden, Platz nehmen im Kofferraum, um dann möglichst schnell in den Schränken der Küche zu verschwinden.

Aber dann... Dann ist es so weit , dann verschwindet es in den geheimen Gängen ihres Verdauungstraktes – vermutlich nachdem man ihnen unter Folter den Mund mit üblem Werkzeug aufgerissen hat und sie zum Schlucken gezwungen wurden.

Keine Sorge, diese Menschen sehen das, was sie essen ja wieder, um genau zu sein, sogar zweimal. Das erste Wiedersehen erspare ich Ihnen und überlasse es wieder mal Ihrer Fantasie, das zweite Mal wird es das Wiedersehen im Spiegel sein: Die blanke, grobe und mitleidlose Realität.

Diese wird dann allerdings mit dunkler Kleidung, unpassendem Style, einer neuen Größe (oh, oh) und der Behauptung, dass man eh keine Zeit für Sport oder körperlicher Fitness habe, verschönert.

Leute, Ihr betrügt Euch doch jeden Tag selber mit so einem Mist (nur etwa 1% der Fettleibigkeit lässt sich auf Störungen in der Genetik zurückführen).

Hört doch endlich mal auf damit, oder findet Ihr Euch so wirklich schön und attraktiv? Mal ehrlich – würdet Ihr so aussehen und Euch auch so fühlen wollen, wenn Ihr wählen könntet, Euch selbst gestalten könntet?

Könnt Ihr Euch also selbst gestalten – nicht nur Eure Figur, nein, Eure Ansichten, Eure Meinungen, Eure Entscheidungen, Euer Leben...?

Wer jetzt nicht weiß, was er zu tun hat, dem ist nicht mehr zu helfen: Schmeiß' das Buch weg, es hat keinen Sinn.

Oder doch? Gehören Sie weiterhin zu den Mutigen, Tapferen, zu denen, die etwas erfolgreich zu Ende führen können – so wie das Lesen dieses Buches?" (Larry Winget)

O.K. Dann weiter im Text:

Shit happens!

Stimmt – und warum auch nicht?

Es ist völlig okay. Manchmal zeigt uns das Leben die berühmte A-Karte oder wird zum Griff ins Klo.

Das ist nun mal so und nicht mal schlimm. Es erinnert uns daran, dass nichts selbstverständlich ist, nicht die freundschaftliche Geste des Nachbarn, noch die großen Hilfen und Unterstützungen durch Menschen, die uns was bedeuten, wenn es uns mal nicht so gut geht.

Perfektion? Wo finde ich die in dieser Welt? Bei uns Menschen? Sicher nicht.

Wir sind ein Haufen von kleinen Kindern, von denen einige so tun als seien sie die Götter und wir, der schäbige Rest, gerade gut genug, ihnen zu huldigen.

Was glauben Sie? Diese Menschen sehen auf dem Klo genauso ästhetisch aus wie Sie selbst.

Also, nicht daran stören. Jeder trägt seine Last und seine Sorgen, wenn auch oft im Verborgenen.

Akzeptieren Sie es, je schneller und ganzheitlicher, desto besser für Sie und Ihre Welt.

Nehmen Sie, wenn es geht, Ihre Sorgen, Ihre Nöte, Ihre Ängste und alles was Sie klein und weich erscheinen lässt, ruhig in den Arm (auf den Arm wäre besser – kommt noch). Kuscheln Sie mit ihnen, wenn Ihnen danach ist, streicheln und verhätscheln Sie diese ungebetenen Gäste - aber dann, meine Damen und Herren, jammern Sie nicht darüber.

Und dann, bewegen Sie sich, schütteln diese Lasten ab und marschieren mit Ziel und Sinn weiter. Aber bitte, **jammern Sie nicht** (zumindest nicht zu lang, soll doch keine mehrstrophige Ode werden oder?).

Zuweilen erscheint das Leben in seltsamen Gewändern, aber es ist Ihr Leben. Letztendlich entscheiden Sie, welche Garderobe Sie tragen. Sie sollte immer dem Anlass entsprechen, Ihnen passen, Ihnen stehen, Sie wirklich kleiden, praktisch sein und eben auch funktional stimmig.

Welchen Laufsteg, welchen Catwalk wählen Sie also?

Warum glauben Sie, bin ich so gegen das Jammern?

Die Frage ist leicht beantwortet:

Zunächst einmal können Sie ja jammern – eben nur ganz kurz, das entlastet, macht Ihrem Ärger und Zorn Luft.

Okay, aber was dann?

Was würde ein längeres Jammern Ihnen bringen?

Die Antwort ist kurz: – NICHTS.

Jammern verlängert das Problem (gibt es ja nicht – Sie erinnern sich hoffentlich).

Jammern chronifiziert Ihr Problem, das heißt, es wird Ihr ständiger Gast (ungebeten hoffe ich).

Dieser macht sich breit und breiter, wächst und wird fruchtbar: Das nächste Problem. Und ich sag Ihnen: Probleme können sehr fruchtbar sein.

Schaffen Sie sich also ein Emotionskondom an. Das hilft. Am besten noch mit anti-empathischer Gleitcreme – dann flutschen Sie besser durch Ihr Problem und auch schneller.

Geben Sie also dem Guten, dem Hellen, dem Glauben und der Magie wieder einen Raum, damit diese Komponenten wachsen können.

Bieten Sie der Aktivität einen tollen Lebensplatz auf Ihrer Seelencouch an, um darauf zu verweilen und „fett" zu werden.

Tragen Sie dann die Früchte dieses Gastverhältnisses und verärgern Sie Ihren Gast nicht – er kommt sonst nicht wieder.

Vergessen Sie nicht: – Sie treffen auf das Leben, das Leben nicht auf Sie.

Das Leben wird noch da sein, wenn Sie schon zu Gelee geworden sind. Und warten Sie nicht. Bringen Sie Ihr Leben wieder unter

Ihre Kontrolle. Glauben Sie mir, das Leben hat super tolle Angebote im Regal.

Finden Sie heraus, was Sie wollen und dann bedienen Sie sich.

Und immer dran denken:

„Das Außergewöhnliche geschieht nicht auf geradem, glattem Wege."

Wusste auch schon der gute Johann Wolfgang von Goethe. Immerhin. War ja nicht irgendjemand.

Gedanke 20 von ... Äktschen! - Oder: Schwarzeneggerisches

Nun wird es Zeit, „Butter bei die Fische" zu machen, sich zu entscheiden, Fisch oder Fleisch zu sein (für die Vegetarier und Veganer unter Ihnen: Baum oder Borke), damit Sie eben nicht mehr „zwischen Bier und Schaum schwimmen" (für alle, die ein gutes Bier in jeder Form zu schätzen wissen).

SIND SIE ALSO BEREIT ZU GROSSEN TATEN?

SIND SIE BEREIT, ENTSCHLOSSEN DIESEN WEG ZU GEHEN? (in guten wie in schlechten Zeiten?)

SIND SIE AUCH TAUGLICH, SICH DIESER AUFGABE ZU STELLEN? (wer möchte schon untauglich sein – Sie?)

SIND SIE WILLENS, SICH IHRER VERANTWORTUNG ZU STELLEN?

WOLLEN SIE ENDLICH LEBEN?

Ja?

Gut!

Was glauben Sie antworten die meisten Menschen auf diese letzte Frage?

Ich denke, es ist dieses schlichte Wörtchen „Ja" mit dem man ganz schön Unheil anrichten kann, wenn es nicht gut überlegt ist.

Denken Sie mal an die vielen Scheidungen, nur weil das Wörtchen „Ja" nicht lang genug überlegt war und auch so nur ein geringes Haltbarkeitsdatum vorweisen konnte.

Und so glaube ich, ist es auch bei der Beantwortung der Fragen hier.

Sie sagen mit stolz geschwellter Brust „Ja" und sind aber nicht wirklich bereit. Ich bezweifle das stark, dass Sie dieser damit einhergehenden Veränderung wirklich ins Auge schauen wollen.

Der Mensch ist ein „Herdentier" und Gefangener seiner selbst. Und in dieser Rolle fühlt er sich so wohl, dass er sein ganzes Leben damit verschwendet, eben diese Rolle auszufüllen.

Die meisten sind einfach Bettnässer. Schlimm, oder?

Gehören Sie dazu?

Leiden Sie unter Motivationsinkontinenz?

Sind Sie wirklich ein tapferer Wanderer Ihres Lebens und werden Sie wirklich diesen Weg gehen (der nicht unbedingt lustig und leicht wird)?

Fühlen Sie sich tauglich, auch auf Langstrecke dafür zu sorgen, dass Ihnen die Luft nicht ausgeht?

Haben Sie das Löwenherz über die Feuer Ihrer Faulheit, über die Sümpfe Ihrer Seele zu marschieren, um endlich frei zu sein und zu leben?

Wollen Sie auf Erden schon Ihr persönliches Walhalla genießen, wo sie vereint sind mit all denen, die bereits glücklich, erfolgreich und sich frei fühlend an der großen Lebenstafel sitzen und Dinge genießen von denen Sie jetzt noch träumen?

Warum sind Sie dann da noch nicht? Warum steht Ihr Name noch nicht auf der Gästeliste der Heldinnen und Helden des Lebens?

Warum sind Ihre Plätze immer noch leer?

Welche Gründe könnten das sein?

Das Internet ist voll von Beispielen.

Hier meine Konzentration auf die wesentlichen Gründe. Die Mutter aller Gründe:

1. Du glaubst nicht an Dich selbst.

2. Du bist feige.

3. Du bist ein verdammt faules Schwein.

4. Du bist dumm.

5. Es ist Dir völlig wurscht.

So einfach ist das. Erstaunlich, oder?

Du glaubst nicht an Dich selbst.

Jeden von uns packen hin und wieder Selbstzweifel, die in und an uns nagen und uns niederdrücken, sodass die Seele die Schwerkraft dieser Zweifel nicht überwinden kann. Und das ist auch nicht schlimm.

Aber alles hat seine Zeit und da Sie genau diese nicht verschwenden sollten, erschaffen Sie sich bitte Ihr eigenes, erfolgreiches ICH, denn, um mit Henry Ford zu sprechen:

„Ob du denkst, du kannst es oder du kannst es nicht – in beiden Fällen hast du Recht". (Henry Ford, amerik. Automobilproduzent, 1863 – 1947)

Dazu eine kleine Geschichte, die sich in San Francisco zugetragen haben soll:

Drei Monteure wurden dummerweise an einem Wochenende in einem Kühlhaus eingeschlossen. Am nächsten Montag fand man sie dann mit Zeichen der Erfrierung tot im Kühllager. Kein Wunder denken Sie? Klar, ein Wochenende im Kühlhaus zwischen Rinder- und Schweinehälften ohne Schutzkleidung, ohne warme Getränke oder Nahrung; da mussten sie ja sterben. Tja, wo war der Haken?

Ich sag es Ihnen: Das Kühlhaus war abgestellt, es war gar nicht in Betrieb. Es funktionierte nicht! Der Glaube hat diese drei armen Menschen getötet – das, was sie in ihrer doch sehr misslichen und unglücklichen Situation erwartet haben:

1. Es ist Wochenende

2. Keiner wird vor Montag ins Kühlhaus kommen.

3. Wir haben keine passende Kleidung.

4. Wir haben nichts zu essen und zu trinken.

5. Es wird sehr kalt werden, zu kalt.

6. Keiner kann das überleben.

7. Wir auch nicht.

8. TOT

Was zeigt Ihnen dieses Beispiel?

Sie kriegen das, was Sie bestellen.

Sie erleben das, was Sie erschaffen haben.

Natürlich kann jeder Mensch in Panik geraten – aber ist es nicht gerade das, wovor so viele Ratgeber warnen? Keep cool? Ich hoffe es wird Ihnen deutlich, wie wichtig es ist zu analysieren, sich bewusst zu machen, was Leben ist und bedeutet.

Du bist feige.

Trösten Sie sich – die meisten Menschen sind es. Sie kennen diese Situationen zu genüge aus dem TV. Vielleicht haben Sie so was ja auch schon persönlich erlebt: Sie werden in der U-Bahn oder sonst wo belästigt, können sich kaum wehren. Um Sie herum eine Menge Menschen, die diese für Sie Angst machende Situation mitbekommen und sich einnässen vor Furcht, ihnen könnte was geschehen (durchaus möglich), wenn sie nun einschreiten würden.

Oder man speist Sie mit einer faulen Ausrede ab, gibt Ihnen noch ein süßes Schmankerl, damit sie die Kröte auch schön schlucken. Und schon haben Sie etwas bezahlt was Sie gar nicht wollen (es gäbe noch so viele Beispiele dazu).

Mittlerweile ein Alltagsphänomen, verabscheut von jedermann, aber mehr gelebt als ausgemerzt.

Die wenigsten fassen sich ein Herz und sagen „NEIN" oder wehren sich. Die meisten sind eben Schafe.

Und so leben diese Menschen auch ihr Leben (oder besser, so werden sie durch ihr Leben oder was auch immer das sein soll, geschleift).

Zweit – und drittklassig, abgegriffen, verarscht, belogen und betrogen (auch von sich selbst). Nicht bereit, endlich Verantwortung zu übernehmen und diese dann auch wie ein Mann/Frau zu tragen, egal was andere sagen, denken oder tun.

Es ist nicht schlimm zu scheitern. Sie liegen auf dem Boden... Und Sie wissen, was Sie nun zu tun haben (lesen Sie mal einige Kapitel vorher): GRABEN, wenn Sie schon nicht aufstehen können oder wollen.

Also schauen Sie Ihrem neuen Leben mutig ins Gesicht, egal was kommt und egal welche Fratze Ihnen da zunächst entgegen lächelt. Zur Not spucken Sie dem Leben ins Gesicht und dann weiter im Text.

Du bist ein verdammt faules Schwein.

Sie leisten genau so viel wie Ihr Nachbar, Ihr Kollege oder gar weniger – Sie sind faul, stinkend faul.

Was erwarten Sie denn? Von NIX kommt NIX.

Wollen Sie mehr? Dann machen Sie mehr. Wollen Sie außergewöhnliche Dinge, dann machen Sie etwas, was Sie noch nie gemacht haben.

Sie verfolgen eine Sache, einen Traum? Dann sehen Sie zu, dass Sie Seelenkondition bekommen und eine Batterie dahin, wohin die Sonne niemals scheint. Machen Sie also mehr als andere, machen Sie mehr als Sie bisher gemacht haben. Die Folge? Sie kriegen und haben dann auch mehr – SO einfach!

Und kommen Sie mir nicht mit „ich kann nicht", „ich kann nichts dafür", „nicht mein Ding", „die Welt liebt mich nicht", „ich hab es nicht drauf", „ich bin eben ein Pechvogel" (Heulsuse)... Einfach dann die Klappe halten und weiter träumen, während Sie die sauren Trauben essen und Ihr fleißiger Mitmensch mit einem süffisanten Lächeln an Ihnen vorbeizieht mit all dem, was Sie gerne hätten (und damit meine ich nicht nur materielle Güter).

Du bist dumm.

Tatsächlich? Was für ein Armutszeugnis. Tja, dann waren die Lehrer oder die ganze Schule wohl völlig verblödet. Ja, jede Bildungseinrichtung, einschließlich aller Bibliotheken und auch aller technischen Möglichkeiten, um seine Gehirnmasse mit gescheitem Inhalt aufzurüsten.

Kann ja auch sein, dass Sie in Kindertagen auf Ihren Kopf gefallen sind, zu heiß gebadet wurden, oder nicht gestillt... Was auch immer.

Es gibt 1000 Wege zu Kenntnissen und somit auch zu Erkenntnissen zu gelangen. Schauen Sie sich mal um? Die Welt und das Leben sind voller Beispiele. Augen auf, Ohren auf, Klappe halten und lernen. Und dann TUN, SELBST nach Möglichkeit!

Es ist Dir völlig wurscht.

Wenn Sie damit glücklich sind (vielleicht ist Ihnen das auch „wurscht"), dann soll es so ein. Aber, dann „Klappe halten und nicht nerven". Und Platz machen für die, die vorbei wollen.

Ansonsten, Ärmel hoch und ran an das Leben.

Mehr ist dazu wohl nicht zu sagen.

Extended Version für ein Loser-Dasein

(für alle, denen die „Prügel" vorher nicht reichten)

Sie verschwenden Ihre Zeit.

Was machen Sie mit Ihrer (Lebens-)Zeit?

Sitzen Sie vor dem TV und schauen sich diese blöden, geistlosen Dokusoaps an, in denen seltsame Menschen höchst seltsame Dinge sagen und machen? Schauen Sie sich B-Promis an, wie sie sich im „Garten Eden" gegenseitig und vor tausenden von Menschen für Geld lächerlich machen, indem sie „Prüfungen" absolvieren, um dann doch vom Publikum mit dem nächsten Flieger heim geschickt zu werden?

Ist es so toll, Maden und anderes Getier zu essen, oder sich mit Insekten überschütten zu lassen? Und Sie schauen zu?

Ist es wirklich so erbaulich, einer Horde von C- und D-Promis, für Geld gekauft und eingesperrt in einem Haus bei ihren lächerlichen Streitigkeiten und täglichen Fummeleien zuzusehen? Müssen Sie wirklich alternde Top-Models bei ihren Heiratsspielchen beobachten? Die Liste ließe sich endlos fortsetzen.

Bitte bedenken Sie, es ist Ihre Lebenszeit, die sie hier verschwenden.

Schauen Sie sich lieber wahre Erfolgsgeschichten von Menschen an und trinken dabei nicht literweise Bier und stopfen sich Mist mit dem Gedanken in den Hals, dass sie das auch mal alles machen und erreichen werden. Die Ausrede „nur gerade heut' geht es nicht" gilt nicht mehr.

Was könnten Sie alles in dieser Zeit machen und erreichen was Sie Ihren Träumen näher bringt... Denken Sie mal nach!

Sie tun unnütze Dinge.

Geschäftigkeit ist KEINE Produktivität! Verfolgen Sie beständig Ihre Ziele mit Geist, Gefühl und Strategie.

Die Fenster zum dritten Mal zu reinigen bringt Ihnen vielleicht das Gefühl von Sauberkeit, aber Sie sicher keinen Schritt nach vorn.

Sie stellen sich keinen Herausforderungen.

Neues zu wagen, neue Gedanken umzusetzen, Grenzen überschreiten, das Unmögliche wagen – das ist Forschergeist, der die Menschen angetrieben hat, über sich selbst hinauszuwachsen – neue Kontinente zu entdecken, sich in die Tiefsee und ins All zu wagen... Auch Sie können das!

Sie müssen keinen Kontinent auf dieser Welt entdecken – die kennen wir ja nun schon. Aber wie wäre es wenn Sie beginnen, IHR inneres unerforschtes Land zu entdecken? In die Tiefsee Ihrer Seele zu tauchen oder in den Kosmos Ihres Herzens vorzustoßen?

Sie schränken sich selbst ein.

Wie ich schon an anderer Stelle mehrfach erwähnt habe, Sie kriegen das, was Sie bestellen.

Ich erinnere Sie an meinen Lebensleitspruch: „Die Welt ist wie ein bunt gedeckter Tisch, von dem man nicht zu früh aufstehen sollte!"

Ich sag Ihnen was: Die meisten Menschen gehen schon nach der Vorsuppe vom Tisch. Sie auch?

Sie finden für alles eine Entschuldigung.

Muss ich dazu wirklich noch was sagen?

Ihnen mangelt es an Klasse.

Dazu allerdings: Wenn ich mir die Menschen betrachte, entdecke ich immer wieder Typen, die glauben, sie „sind es".

Arrogant, ohne Manieren, emotionaler und sozialer Intelligenz kommen sie mit besserwisserischem Gehabe daher stolziert und präsentieren sich aufdringlich mit irgendwelchen Titeln (aus dem Internet), laufen herum als hätten sie Haarspray unter den Armen und geben dünnflüssiges Möchtegernwissen von sich. Heute reicht es ja schon, wenn sogenannte Fachleute von dünnbrettbohrigen Medien als Experten vorgestellt werden. Ich denke da gerade an eine nette Schauspielerin, die ein Waschmittel als „Wäscheexpertin" bewirbt. Ich betrachte mir die Politiker, die nicht mehr selber denkend, weil unfähig und mit mangelhafter Ausbildung sich zahllose „Experten" in ihr Ressort holen, damit diese für viel viel Geld die Aufgaben der Politiker übernehmen. Was kommt dabei heraus? Dummes Gequatsche, rausgeschmissenes Geld (Ihr Geld) und „hirnarme Vorschullösungen".

Selten finden Sie bei solchen Menschen wirkliche Tiefe in Herz und Seele, Leidenschaft für die Menschen oder die Sache, Verantwortung und Weitblick für das Volk und die Gesellschaft und schon gar kein Licht in der Birne.

Sie zögern.

Michail Gorbatschow, der ehemalige Präsident der Sowjetunion (damals gab es noch eine) hat den Spruch geprägt: *„Wer zu spät kommt, den bestraft das Leben."*

Prophetisch wies er darauf hin, dass ein ganzes Staatsgebilde (die alte DDR) in sich zusammenfallen wird, wenn man nicht den Zeitgeist erkennt, die Wünsche und Bedürfnisse der Menschen ignoriert und sich über alles hinwegsetzt, was eigentlich selbstverständlich sein sollte.

Was glauben Sie, was mit Ihnen persönlich passiert, wenn Sie inaktiv sind, ignorieren und einfach nur „dahin dösen", wenn ganze Staaten und Systeme so zu Fall kommen?

Schon mal drüber nachgedacht?

Sie packen die Gelegenheiten nicht am Schopf.

„Morgen, morgen, nur nicht heute – sagen alle faulen Leute"

Und so ist es auch. Wieder einmal zeigt uns der Volksmund wie es läuft.

Ist Ihnen wirklich klar, dass Sie an dem Tag, an dem Sie geboren wurden, anfangen zu sterben? Was machen Sie also mit Ihrer kostbaren Lebenszeit?

Da kommt keine Zeit dazu und der liebe Gott wird in Ihrer letzten Stunde sich nicht erbarmen und Ihnen die von Ihnen versäumte Zeit an Ihr schwindendes Leben anhängen, nur weil Sie es „so schwer" hatten. Die Zeit läuft ab. Basta.

Können Sie eine Garantie aussprechen, dass Sie morgen früh wieder frisch und gesund erwachen?

Mensch, das Leben ist kostbar.

Sie stellen sich nicht Ihren Problemen.

Kneifer, Feiglinge, „vaterlandslose Gesellen", „Fähnchen im Wind", Irrlichter, „Ja"-Sager", orthopädische Warmduscher (weil kein Rückgrat), „Schwuchteln" „Ich halte mich da lieber raus"-Weichlinge, charakter- und ehrlose Windbeutel - was muss mir noch einfallen?

Sie sind teilnahmslos.

Keine Meinung? Kein Vertreten der Meinung? Keine Entscheidungen treffen und dafür auch gerade stehen?

Nicht Farbe bekennen? „Anders" sein?

Machen Sie es wie „Opa" oder „Oma Schloffe": Melden Sie sich in einem Seniorenstift an, der auf Alzheimer-Bewohner spezialisiert ist, setzen Sie sich dort ans Fenster, schauen Sie den anderen zu, die gerade die Tauben im Park füttern, warten Sie auf eine der freundlichen Schwestern und essen Sie dann genüsslich Ihre passierte (Lebens-) Kost. Erfreuen Sie sich an der täglichen mehr oder weniger gelungenen Seniorengymnastik und dem Wunschkonzert am Sonntagmorgen.

Gut nur, dass Sie das täglich wieder vergessen.

Oder kennen Sie eine Alternative im HIER und im JETZT?

Anmerkung: Dieses Beispiel dient lediglich zur satirisch überzogenen Verdeutlichung einer persönlichen Teilnahmslosigkeit und soll nicht die Zustände in Pflegeheimen schildern.

Allerdings: Ähnlichkeiten mit lebenden oder toten Personen, oder Orten, Geschehnissen und Handlungen sind nicht auszuschließen, aber nicht beabsichtigt.

(Ich weiß was los ist, denn ich habe selbst viele Jahre im Bereich Alten- und Krankenpflege gearbeitet, sowohl pflegerisch als auch als Dozent.)

Quelle: Internet: news.at – 10 Gründe, warum manche Menschen nie Erfolg haben. (07.01.16/14:13) Originalartikel vom 15.09.15 – Helene Schnitzler - Herzlichen Dank.

Komm, komm – weiterlesen – zum „Wunden lecken" ist keine Zeit...

Gedanke 21 von ... Die Macht der Angst. - Oder: Pampers für die Seele

Jetzt wird es auch noch tiefenpsychologisch. Ihnen als Leser bleibt wirklich nichts erspart. Mir als Schreiber aber auch nicht! Für wen mache ich das denn hier?

Also los: Wir werden psychologisch und beschäftigen uns mit dem Begriff und Phänomen der Angst.

Angststörungen gehören zu den häufigsten psychischen Störungen und zeigen sich in vielen Variationen und Gesichtern.

Von einem „komischen" Gefühl über ein Gefühl der Besorgnis hin bis hin zu Panikemotionen, die Ihr Leben zu einem Kerker werden lassen können, ist alles dabei.

Angst macht auf Dauer krank.

Sie alle kennen dieses Grundgefühl und haben es sicher schon hundertfach in Ihrem Leben gespürt.

Es ist normal, Angst zu haben, denn sie schützt uns vor Unbekanntem und warnt uns vor Gefahren.

Angst ist ein individuelles Gefühl und immer mit einer Bewertung der Situation verbunden.

Es gibt Menschen, „die schreckt nichts", und dann gibt es wieder Menschen, die diesem Gefühl oft völlig grundlos Macht schenken und dann sehr darunter leiden.

Einen dieser Angstzustände will ich hier nennen, denn er hat viel mit dem Thema zu tun über das ich hier schreibe:

Die Angst, allein zu sein. Die Angst einsam zu sein.

Ja, glauben Sie mir: In dem Moment, wenn Sie wirklich Erfolg haben, in dem Moment, wenn Sie auf IHREM Gipfel sind, werden Sie allein und vielleicht auch einsam sein. Und dieses Gefühl muss man mögen oder zumindest ertragen können.

Allein sein ist nicht wirklich gut. Oder doch?

Ich verrate Ihnen meine ganz persönliche Ansicht dazu:

Allein sind Sie, wenn Sie alles verlassen hat.

Einsam sind Sie, wenn SIE alles verlassen haben.

Merken Sie den Unterschied?

Wieder sind SIE es, der eine Situation bewertet, sich ab- oder hinwendet, der wegschaut oder hinsieht. SIE sind verantwortlich.

Soviel in Grundzügen zur Angst.

Was aber hat das mit dem Thema zu tun?

Angst kann auch ein schlechter Ratgeber sein. Warum?

Viele Menschen haben Angst vor ihrer eigenen Courage, vor ihrem Erfolg.

Sie können die Dimension der Folgen daraus nicht ermessen. Es ist unbekannt. Und das macht in der Regel durchaus auch mal Angst.

Sehr viele Menschen haben eben mehr Angst vor dem unbekannten Glück als vor dem bekannten Unglück.

In den 1970er Jahren ließ Rainer Werner Fassbinder in seinem Film „Angst essen Seele auf" genau dieses Zitat von seinem männlichen Hauptdarsteller sprechen. Und er hatte Recht. Angst isst Ihre Seele auf. Was tun?

Hinsehen, sich stellen, die Angst begrüßen, frech sein, Abstand nehmen, nicht einladen...

Mutig zu sein, heißt nicht, keine Angst zu haben. Mutig zu sein bedeutet, der Angst in ihre dunklen Augen zu sehen um dann den Schritt trotzdem zu wagen.

Oder gehen Sie zu einem dieser Psychotherapeuten.

Wenn Sie also Angst vor Ihrem eigenen Erfolg haben, dann sollten Sie wach werden und sich dahin stellen, wohin Sie gehören.

An den Anfang der Schlange.

Erfolgreiche Menschen haben keine Angst vor dem Alleinsein. Warum auch? Je weniger dort sind wo Sie sind, desto mehr Platz haben Sie, nicht wahr?

Anmerkung: Mir ist es aufgrund meiner Ausbildung und meiner beruflichen Praxis natürlich bewusst, dass man Angst nicht auf die leichte Schulter nehmen oder gar belächeln sollte.

Das ist und war nie meine Absicht auszudrücken. Die Behandlung von schweren Angststörungen gehört immer in erfahrene und kundige Hände. Dennoch – haben Sie keine Angst vor der Angst.

Gedanke 22 von ... Löchriges und andere Effekte

Es gibt ein eigenartiges Phänomen, das sich bei uns Menschen feststellen lässt.

Unser Körper bewegt sich in der Regel in die Richtung, in die wir unseren Blick richten. Das lässt sich sehr leicht beobachten und sicher haben Sie das an sich auch schon bemerkt: Sie kleben förmlich an einem Objekt und folgen ihm nicht nur mit Ihrem Blick.

Dazu ein kleiner Test: Schauen Sie bitte mal nach links oder rechts, und das ist jetzt ganz wichtig, beobachten Sie sich und Ihren Körper mal dabei ganz bewusst. Merken Sie was? Unbewusst bewegt sich Ihr Körper in die von Ihnen gewählte Richtung.

Ein weiteres Experiment: Sie hören Musik. Bemerken Sie was? Ihr Körper reagiert sofort mit Mikrokontraktionen zum Takt der Musik. Zunächst geschieht das für Sie unbewusst, doch dann merken Sie es. Dieses Phänomen wird auch **Carpenter-Effekt** genannt und findet kreative Anwendung im Mentaltraining und seinen Einsatzgebieten, zum Beispiel im Sport. Sicher haben Sie schon einmal beobachtet, wie Sportler vor ihrer Disziplin alle Bewegungsabläufe im Geist noch einmal durchgehen oder auch wie Rallyefahrer im Geist die Strecke abfahren und dabei mit dem ganzen Körper arbeiten.

Motorradfahrern wird beigebracht, dahin zu schauen, wohin sie fahren wollen. Nur blöd, wenn ich meinen Blick nicht von dem Loch auf der Straße reißen kann!

Wie können Sie dieses Phänomen für Ihr Leben und Ihren Erfolg also nutzen?

Ganz einfach!

- **Fokussieren Sie ein Ziel (aber ganz feste)**

- **Bestimmen Sie die Richtung (nach oben oder nach vorn)**

- **Und nun los!**

Das Ergebnis? Sie kommen dahin, wohin Sie schauen.

Und bitte: Umfahren Sie die Löcher in Ihrem Leben! Bestenfalls springen Sie drüber.

Zwischenspiel Teil 3: Alltag

In der beruflichen Begegnung mit Klienten arbeite ich grundsätzlich viel mit Bildern.

Bilder sprechen für sich und oft deutlicher als Worte. So gebe ich allen meinen Klienten ein Stück Papier in die Hand und sage Ihnen, sie mögen ihr eigenes Preisschild gestalten.

Wie hoch ist ihr Preis? Die meisten sind sehr verdutzt (das ist immer ein gutes Zeichen, denn dann sind sie ganz dabei und im Hier und Jetzt). Wenn sie das nicht verstehen, dann frage ich sie, was für eine Ware oder Artikel sie sein wollten? Ein Auto? Wenn

ja, welches? In welcher Farbe? Limousine, Cabrio, SUV, LKW...
Gebraucht oder neu? Wenn sie ein Edelstein sein wollen, welcher?

Die Liste ließe sich endlos fortsetzen. Wenn sie sich nun entschieden haben, frage ich, wo sie man sie kaufen könnte.? In welchem Geschäft? Nobelladen? Markt? Discounter, Straße...? Und nun folgt meine eigentliche Absicht: Sie sollen ihren Preis auf den Zettel schreiben, den ich ihnen zu Beginn der Sitzung gegeben habe.

Glauben Sie mir: Nicht wenige schreiben tatsächlich eine Summe darauf. Und keine Summe war bisher so groß, als dass sie nicht ein reicher Mensch hätte zahlen können. Frech wie ich bin, frage ich auch immer nach in welcher Währung sie zu haben seien.

Die wenigsten Klienten schreiben UNBEZAHLBAR darauf! Und das zeigt das ganze Problem. Die meisten Menschen glauben, sie seien Billigware und für sie würde eh niemand was zahlen. Ob man mit so einer Einstellung Erfolg haben kann? Was meinen Sie?

Ein Beispiel aus der Praxis.

Eine junge, sehr talentierte Frau kam zu mir in die Beratungsstelle und ich folgte meinem Prozedere. Sie entschied sich, ein Amethyst zu sein – Sie wissen schon, ein Edelstein, der nur sichtbar wird, wenn man den ihn umgebenen Stein, die Hülle, aufbricht und er dann in wunderbarem Violett und vielfältig von der Natur gewachsen, seine wahre Schönheit zeigt.

Zu guter Letzt lag ihr Preis bei 25.000 Euro.

Instinktiv hat die Seele dieser jungen Dame genau ihren Zustand beschrieben. Das Beste, ihre wirkliche Gestalt war verborgen unter einer harten, unansehnlichen Seelenhülle und schützte so ihren wirklichen Reichtum.

Wir haben uns also daran gemacht, diese Hülle aufzubrechen, damit die bedauernswerte junge Lady endlich ihren wahren Wert erkennen möge und sich nicht mit 25.000 Euro abspeisen ließe.

Ich hoffe Sie verstehen, was ich Ihnen damit sagen will. Wenn nicht: da sind 1300 g Denkmasse in Ihrem Kopf... Und die will arbeiten.

Nun sind Sie dran: Nehmen Sie sich einen Zettel...

Gedanke 23 von ... Knigge für Gewinner. - Oder: Moral hat ein Gesicht – IHRES

Sie sind angetreten, um „dazu zu gehören"?

Sie sind gerade dabei, „dazu zu gehören"? Sie „gehören jetzt dazu"? Was denken Sie, ist nun wichtig? Zu protzen mit dem was Sie erreicht haben? Anderen Menschen es jetzt mal so richtig zu zeigen? Das höchste Pferd zu besteigen und auf andere Menschen herabzusehen? Die berühmte „Sau" rauszulassen? Sich gehen zu lassen? Und wenn, wohin? Und wen nehmen Sie mit? Aufgeblasen durch die Welt zu „stolzieren"? (Achtung! Platzgefahr! Sieht ziemlich blöd nachher aus – und vor allem: Wer soll das wegwischen?)

Wir kennen alle diese selbstgerechten reichen Pinkel, die (egal ob sie ihr Geld ererbt oder erarbeitet haben) die Bodenhaftung verlieren und mit ihren Mitmenschen umgehen, als seien diese Menschen („oder so was ähnliches") zweiter Klasse.

Hochnäsig und mit steifem Kragen (oft das einzige, was noch steif wird) stolzieren sie über die Bühne dieser Welt, im Glauben, sie seien hier die Hauptdarsteller. Sie sind ihr eigenes Publikum, zum Staunen und Applaudieren, zum Bewundern und Degradieren verurteilt.

Ich sehe all die Möchtegern- und Tunichtgut-Könige und Königinnen, wie sie sich im Schlamm der Eitelkeiten gegenseitig auszustechen versuchen und damit prahlen, wen sie alles kennen, wo sie im Urlaub waren, wie viel ihr Haus oder ihr Auto gekostet hat und was man alles essen kann, ohne Ausschlag davon zu bekommen… Alles nur in der Absicht, ihren Nächsten damit herabzuwürdigen und ihn in die letzte Ecke zu verweisen.

Wenn sie in ihren Hotels übernachten und sich so benehmen, dass ein „Sandler" vom Wiener Hauptbahnhof sich noch erschrecken würde. Das Personal behandeln als seien diese die Überreste der römischen Sklavenkaste.

Und damit meine ich nicht nur die Superreichen, sondern auch all die, die in verantwortlicher Position nicht einmal dem „kleinen Stellensuchenden" eine Rückantwort auf seine, oft mit großer Sorgfalt und entsprechenden Mühen und Kosten erstellten Bewerbungsschreiben eine Rückmeldung geben. Der darauf hofft, zumindest wahrgenommen zu werden.

Da steht in den Ausschreibungen etwas von Professionalität, Flexibilität, Zuverlässigkeit, Wertschätzung und vom Himmelreich ist die Rede, sodass einem schon schwindelig werden kann. Und selbst halten sie nicht mal den Mindeststandard an Höflichkeit ein.

Da könnte ich Ihnen Geschichten erzählen...

Wie auch immer – die Gesellschaftsschichten degenerieren zunehmend. Sie wollen weitere Beispiele?

Ich erlebe Gleichgültigkeit, gepaart mit Egoismus und Dummheit. Ich sehe Superreiche, die nicht wissen, wohin mit ihrem Geld und dieses für so sinn- und gehirnlose Anschaffungen ausgeben wie goldene Reifenfelgen oder Armbanduhren die so groß und teuer sind, dass man sie problemlos mit Wanduhren verwechseln könnte. Die so viel kosten, dass sich eine vierköpfige Familie locker und gut zwei Jahre davon ernähren ließe. Meist hängt an so einer Uhr ein sehr schwacher Bizeps dran.

Da tummeln sich Ölmagnaten und politische Möchtegern-Emporkömmlinge, die ihren kranken Egoismus mit falschen akademischen Titeln oder ganz erfundenen Biografien aufpolieren wollen und doch zu dämlich sind, es so zu tun, dass sie nicht erwischt werden.

Oder beobachten Sie mal die nicht alt werden könnenden, ausgehungerten, mit Make-Up zugekleisterten Ladies, die sich in ihrem Botoxrausch die letzten Falten aus Körperregionen, die ich nicht näher erläutern möchte, haben weg spritzen lassen.

Aber genug davon...Das gibt ein Extrabuch. Warum erwähne ich das? Und was hat das mit unserem Thema zu tun? Eine Menge!

Ich glaube, und das war mir als Lehre immer wichtig, die ich meinen Schülern vermitteln wollte, dass es eine besondere Verpflichtung ist, wenn ich etwas kann oder habe, was andere nicht können oder besitzen, diese daran teilhaben zu lassen; sie lehren es zu tun und das, mit den ihnen gegebenen Möglichkeiten: Man kann eben aus einem Idioten keinen Universitätsprofessor machen, sondern ich kann immer nur das rausholen, was drin steckt – alte Pädagogenweisheit. Wir erheben uns eben nicht über den anderen sondern nutzen unsere Ressourcen zum Wohle der anderen.

Ich weiß: Sehr unspektakulär und so unmodern wie ein Dinosaurier in einem Porsche auf der 5th Avenue... Wirklich? Ich finde nicht. Gerade in der heutigen Zeit sollten wir uns alle an das erinnern, was Asfa-Wossen Asserate meinte, als er sagte: „*Manieren sind der ästhetische Ausdruck von Moral.*"

Dazu meine Version – und nun wieder schön zuhören!

Gott hat euch zwei Ohren, aber nur einen Mund gegeben. Ein deutliches Zeichen, die ersteren öfter zu nutzen – oder?

So… Gleich geschafft –

Gedanke 24 von ... Mittelalterliches - Oder: Wie werde ich ein Ritter?

Mein erster Berufswunsch als kleiner Junge war nicht Feuerwehrmann, auch nicht Polizist. Nein, ich wollte Ritter werden! Ich war ganz fasziniert von diesen Gestalten in Kettenhemd und Eisenharnisch, wie sie zu Pferde mit ihren Lanzen die Bösen und den Drachen, der die Prinzessin gefangen hielt, zur Strecke brachten. Oder in großen Landschlachten sich mit ihren Schwertern Gassen hauten, um den Feind in die Schranken zu weisen (daher übrigens der Begriff: „Gassenhauer"). Ich bewunderte König Artus mit seiner Tafelrunde und den Rittern, die für bestimmte Ideale standen – einstanden und diese vehement heldenhaft auch vertraten. Kennen Sie diese Ideale auch noch? Die Tugenden der Ritter? Das ist Mittelalter, denken Sie?

Das, was wir hier in der heutigen Zeit erleben, DAS ist Mittelalter! Zumindest was den Umgang miteinander, die Manieren, das

Vertreten von Werten und die eigene Präsentation, wie auch die Gestaltung des eigenen Lebens betrifft.

Ein Gewinner verhält sich anders. Ein kommender Gewinner auch!

So sind die alten **Rittertugenden** nicht nur gefragt, sondern auch gefordert.

Und hier sind sie:

1. **Freundlichkeit**

2. **Ehrenhaftigkeit**

3. **Vornehmheit**

4. **Rechtschaffenheit**

5. **Demut**

6. **Beständigkeit**

7. **Mut/Beherztheit**

8. **Höflichkeit**

9. **Tapferkeit**

10. **Bescheidenheit**

11. **Treue**

12. **Mildtätigkeit**

Ist es nicht interessant, dass es genau zwölf Tugenden sind?

Woher kennen Sie diese Zahl? Gab es da nicht mal 12 Apostel?

Mal nachdenken...

Kleiner Leitfaden zu den Rittertugenden

Freundlichkeit

Ein Sprichwort sagt: *„Wer nicht lächeln kann, sollte auch kein Geschäft eröffnen"*. Sie wollen kein Geschäft eröffnen? Okay, von mir aus.

Wollen Sie Ihr Leben neu eröffnen? Lächeln Sie, seien Sie freundlich gegenüber Ihren Mitmenschen. Der ein oder andere wird Ihnen sicher wieder begegnen und Ihnen eine Brücke bauen. Sie wissen doch: Man sieht sich im Leben immer zweimal und wer weiß, welche Rolle dieser Mensch noch ihn Ihrem Leben spielen wird.

Sie wollen die anderen nicht anlächeln? Auch gut: Dann lächeln Sie sich doch an. Jeden Morgen in Ihrem Spiegel. Seien Sie freundlich zu sich (Sie sind es dann auch viel leichter bei Ihren Mitmenschen). Gönnen Sie sich was und seien Sie dabei freundlich. Zieht immer!

„Was willst du sehen, wenn du in den Spiegel schaust?"

Ehrenhaftigkeit

Ist es nicht interessant, wie wichtig uns die Ehre ist? „Bei meiner Ehre", „bei meinem Ehrenwort"... Wann immer wir eine besondere Wichtigkeit von Ereignissen, Handlungen oder Personen unterstreichen wollen, würgen wir die Ehre.

Würgen? Ja, denn die meisten haben keine. Sie drücken diesen Begriff aus sich heraus wie ihren fest sitzenden Darminhalt über der Kloschüssel und im selben Moment haben Sie ihn auch schon verraten und runtergespült. Ich hoffe, diese Zeitgenossen haben wenigstens anschließend Klopapier benutzt.

Ehre zu haben heißt, für ALLES gerade zu stehen, sich zu bekennen, Stellung zu beziehen und diese dann auch zu verteidigen oder durchzusetzen. Wir wollen das alle – vor allem bei unserem Gegenüber. Warum dann nicht auch bei uns?

Vornehmheit

„Vornehmheit ist etwas, das einen vor anderen auszeichnen kann. Vornehmheit kann sein ein bestimmtes Betragen, ein bestimmter Gestus. Vornehmheit kann sich auf die Herkunft beziehen, also z.B. auf ein Adelsgeschlecht. Vornehmheit kann auch ein Stadtviertel auszeichnen oder auch eine Veranstaltung. Am wichtigsten ist die Vornehmheit des Charakters, ein durch Zurückhaltung und gutes Benehmen sowie Anstand und Würde gekennzeichnetes inneres Wesen." So beschreibt Yogawiki diesen Begriff.

Gefällt Ihnen nicht?

Wie wäre es mit: Ansehen, Anstand, Selbstachtung, Chic, Achtung, Noblesse, Eleganz, Feinheit...

Wollen Sie das? Sind Sie es schon? Haben Sie es schon?

Rechtschaffenheit

Sein Auskommen auf redliche Art und Weise zu verdienen ist sicher ein hohes Ziel und dennoch sollte es selbstverständlich sein. Rechtschaffenheit bedeutet auch anständig zu sein – dem anderen und SICH SELBST gegenüber. Vielleicht sogar ein Vorbild zu sein für andere. Aufrichtig zu sein und achtbar zu leben.

Demut

Das Internet kennt folgende Definition:

„Die Bereitschaft, etwas als Gegebenheit hinzunehmen, nicht darüber zu klagen und sich selbst als eher unwichtig zu betrachten." (Wikipedia)

Ich meine damit also ausdrücklich NICHT eine sklavische Haltung, eine Unterdrückung oder ein Kriechertum anzunehmen (ganz im Gegenteil), sondern auch zu erkennen und zu akzeptieren... Und eben nicht herum zu jammern und zu zetern und zu klagen.

Demut hat sehr viel mit Dienen zu tun... Ihren Herren kennen Sie ja hoffentlich noch. Und Demut zeigt sich in einer inneren und äußeren Haltung.

„Suche dir Deinen Herren selbst aus und diene ihm mit deiner ganzen Leidenschaft und Kraft, mit deinem ganzen Glauben, deiner ganzen Treue und mit all deinen Möglichkeiten – diene also DIR."

Beständigkeit

Beständigkeit drückt eine Haltung von Haltbarkeit und Stabilität aus. Menschen die über eine Beständigkeit verfügen zeigen eine Regelmäßigkeit, sind in dem was sie sagen und tun dauerhaft und verfügen über einen seelischen Gleichmut. Tolle Menschen, oder? Sie auch?

„Frage dich ehrlich, wie lang das Haltbarkeitsdatum deiner Vorsätze oder deiner Versprechen ist.

„Frage dich dann, ob du deine Vorsätze und Versprechen noch essen würdest, wenn es Lebensmittel wären?"

Mut/Beherztheit

Der Begriff stammt aus dem indogermanischen Sprachstamm (hört, hört) und umschreibt damit Fähigkeiten wie „sich mühen", „stark sein", „einen starken Willen haben", „nach etwas streben", „Kraft des Denkens, Empfindens, Wollens".

Trauen Sie sich, sich (Lebens-)Situationen zu stellen, die „gefahrvoll" und mit Unsicherheiten behaftet sein können.

Trauen Sie sich das „Abenteuer Leben" anzugehen?

Bewundern wir nicht alle solche Menschen?

Gehören Sie dazu? Noch nicht? Warum nicht? Wann denn?

Höflichkeit

Höflichkeit ist eine Tugend die eine besondere Form des Respekts, der Rücksicht und der Zivilisiertheit ausdrückt.

Höflichkeit ist eine Tür zum Herzen anderer Menschen (oder auch zu deren Geldbörse – fragen Sie mal einen Kellner, wann er das meiste Trinkgeld bekommt!).

Höflichkeit zeigt sich auch in einer respektvollen Distanziertheit, die Grenzen des anderen beachtend, taktvoll miteinander umzugehen.

Ach ja, *„Höflichkeit ist die Blüte der Menschlichkeit. Wer nicht höflich genug, ist auch nicht menschlich genug."* (Joseph Joubert)

Für mich persönlich möchte ich das Sprichwort von „Teddy" Roosevelt umformulieren, der sagte: *"Sprich leise und höflich, aber trage stets einen dicken Knüppel bei dir."*

Ich spreche da eher <u>lauter</u>.

Tapferkeit

„Tapferkeit (althochdeutsch tapfar, mittelhochdeutsch tapfer = „fest, gedrungen, widerstandsfähig gegen Schmerzen")[1] ist die Fähigkeit, in einer schwierigen, mit Nachteilen verbundenen Situation trotz Rückschlägen an seinem Erfolgswillen festzuhalten. Sie kennzeichnet sich als Leidensfähigkeit und Durchhaltevermögen und ist meist mit der Überzeugung verbunden, für übergeordnete Werte zu kämpfen. Tapferkeit zeigt sich in dem Willen, ohne Garantie für die eigene Unversehrtheit einen physischen oder mentalen Konflikt durchzustehen – oft mit der Motivation, letztendlich einen glücklichen Ausgang zu erreichen. Im heutigen Sprachgebrauch werden „Mut und Tapferkeit" bisweilen auch als Begriffspaar verwendet, um zwei verschiedene Aspekte einer komplexen Charaktereinstellung zu kennzeichnen.", weiß Wikipedia.

Jeder von uns bewundert tapfere, couragierte, aufrichtige Menschen, die sich trotz aller Widerstände und Unwägbarkeiten nicht von ihren Zielen, ihrem Kurs abbringen lassen.

Wie tapfer sind Sie? Wie tapfer wollen Sie ab heute sein?

Bescheidenheit

Wann haben Sie das letzte Mal zu Gunsten anderer verzichtet? Wann haben Sie sich das letzte Mal zurückgenommen und nicht mit dem geprotzt, was Sie haben, sind oder können?

Bei Bescheidenheit geht es nämlich nicht darum, sich unterwürfig zu zeigen, sondern dem anderen auch Raum, Platz und Gelegenheit zu geben, sich zu zeigen, darzustellen und zu leben, um so gute Gefühle zu spüren.

Treue

Vertrauen, Verlässlichkeit, Loyalität haben in privaten wie in geschäftlichen Lebensbereichen eine ungeheure Bedeutung, deren Wert erst dann erkannt wird, wenn man betrogen und belogen wird.

Wie oft nehmen sich Menschen dieses Privileg heraus, dagegen zu verstoßen und sind dann am Boden zerstört, wenn ihnen Untreue und Verrat widerfahren.

Kennen Sie das?

Also, seien Sie beständig, verlässlich, seien Sie loyal sich selbst und anderen gegenüber. Verfolgen Sie diese Ideale in Beziehungen und in Ihren Plänen und Ihr Lohn wird groß sein.

Mildtätigkeit

Heute sprechen wir eher von Wohltätigkeit. Damit ist eine Tugend gemeint, die ihren Ausdruck darin findet, wenn Sie Bedürftigen, Schwachen oder Chancenärmeren etwas von dem zukommen lassen, was Ihnen das Leben durch Ihre Hände- und Geistesarbeit hat zukommen lassen. Geben Sie etwas zurück von dem, was Sie bekommen haben.

Arnold Schwarzenegger sagt dazu: *„Welchen Weg auch immer du im Leben nimmst, du solltest dir immer Zeit dafür nehmen etwas zu-*

rückzugeben. Etwas deiner Gemeinschaft zurückzugeben oder deinem Land."

Die letzte Regel lautet: „Gib etwas zurück!" Egal, welchen Weg Sie im Leben nehmen, nehmen Sie sich immer Zeit dafür etwas zurückzugeben, beispielsweise Ihren Freunden. **Es ist nicht der Erfolg und Reichtum allein der glücklich macht – es ist die Veränderung und die Verbesserung die damit bewirkt wird!** Rauszugehen, um anderen Menschen zu helfen, wird Sie glücklicher und zufriedener als alles andere machen.

Vergessen Sie also in Ihrem Erfolgstaumel und Siegesgebrüll nicht die, die es nicht geschafft haben und vielleicht auch niemals schaffen werden...

Sie sehen, so mittelalterlich sind die guten, alten Rittertugenden nicht. Es scheint etwas zu geben, was ehern ist, ewig Bestand hat (haben sollte) und unser Leben erfolgreicher, leichter, wärmer und herzlicher machen kann.

Nehmen Sie sich ein Beispiel.

Ein letzter Gedanke

Was immer Sie nun denken – ab jetzt können Sie nicht mehr sagen: „Ich weiß nicht wie das geht mit dem Erfolg", oder „die Anderen, die Welt, mein Schicksal, meine Badehose... sind schuld, dass ich es so schwer habe."

Nun liegt es an Ihnen, aus sich was zu machen. Die Werkzeuge dazu tragen Sie in sich – keines fehlt. Es ist alles schon da.

Machen Sie sich auf die Reise, werden Sie zum Entdecker. Leben Sie IHR Leben und lassen Sie sich nicht von ihrem Leben leben.

Gelangen Sie so zu neuen Ufern, zu neuen Perspektiven, zu neuem Glauben, zu neuem Wohlbefinden, zu neuer Freiheit - ZU SICH SELBER!

Das ist es doch, was wir ALLE wollen!

Brüten Sie nicht über Ihr Schicksal, eine Henne sind Sie ja wohl nicht, oder?

Schieben Sie Ihr Leben nicht mehr auf.

Beenden Sie IHR Projekt nicht, nur weil Sie müde sind – Beenden Sie es, wenn es **getan** ist.

Fangen Sie endlich an...

SONST KOMME ICH..........**DER AUFRÄUMER**........UND DANN RÄUM ICH AUF!

Gutes Gelingen!

Von Herzen!

Zu guter Letzt

Dieses Buch hat viele Väter und auch Mütter:

Allen voran Mr. Larry Winget mit seinem Buch: „Halt den Mund, hör auf zu heulen und lebe endlich!" (Heyne 2009)

Weiter halfen mir:

Mr. Napoleon Hill mit seinem Buch: Denke nach und werde reich – Die Erfolgsgesetze (RandomHouse GmbH, München 2005/2010)

Der gute alte Dr. Joseph Murphy: Die Macht des Unterbewußtseins, (Ariston 2002)

Mit von der Partie waren auch: Mr. Richard Templer: Die Regeln des Lebens, books4success 2010 und

Dr. Bruce I.Doyle III mit seinem Buch: Pass auf, was du denkst, Kamphausen Verlag, 2009

Nicht zu vergessen:

Der liebe Gott mit seiner Bibel!

Weitere Helfer waren:

Arnold Schwarzenegger mit seinen Regeln zum Erfolg.

Der Volksmund mit seiner Weisheit – viel zu selten beachtet und erkannt.

Andere Prominente wie Napoleon Bonaparte (den kennt man hoffentlich noch)

Franz Lehar (Komponist und Musiker)

Zenon von Kition (ein kluger Kopf

Lao-Tse (noch ein kluger Kopf)

Karat („DDR" Band)

Bronni Ware (Krankenschwester und Autorin)

Selma Lagerlöf (Schriftstellerin – sollte man auch kennen)

Pipi Langstrumpf (von Astrid Lindgren)

Sylvester Stallone (Filmstar, Produzent und „Rambo")

Teresa von Avila (Mystikerin und Heilige)

ÖBB (Österreichische Bundesbahn)

Hans Watzlik (Heimatdichter)

„Die Feuerzangenbowle" (deutscher Spielfilm mit Heinz Rühmann)

Die Physik :-)

Die Chemie :-)

Friedrich Schiller, das Mittelalter mit all seinen Rittern, Knappen und Landsknechten und das

WWW mit seinem schier unendlichen Wissen.

Und nicht zum Schluss möchte ich mich bei meinem Leben bedanken für den riesigen Reichtum an Erfahrungen, Begegnungen, Gefühlen...

Danken möchte ich auch Herrn Hermenau (*www.hermenau-cartoons.de*) für seine tolle, schnelle und so treffende Illustration und Gestaltung des Covers.

Einen ganz besonderen Dank an meine liebe Frau Marion, die mich in vielfältiger Art und Weise bei der Entstehung dieses Buches unterstützt hat.

Ein weiterer lieber Dank geht an Lloyd Schneider, der mit seinen Zeichnungen dieses Buch lebendiger gemacht hat.

Ganz herzlichen Dank auch an Herrn Jan Hoffmann (*www.jan-hoffmann-illustrationen.de*), der mit seiner Illustration „Der innere Schweinehund" meine Vorstellung des selbigen fantastisch getroffen hat.

Wahre Treue zeigt sich für mich erst am Ende eines Weges.

Zeitfracht Medien GmbH
Ferdinand-Jühlke-Straße 7
99095 Erfurt, Deutschland
produktsicherheit@kolibri360.de